ジャック・デリダと精神分析

耳・秘密・灰 そして主権

ジャック・デリダと精神分析

耳・秘密・灰　そして主権

守中高明

Jacques Derrida et la psychanalyse

oreille, secret, cendres, souveraineté

MORINAKA, Takaaki

岩波書店

目　次

序　「科学」の時代における精神分析

ここに読まれようとしている本書の企図はごくつつましいものだ。ジャック・デリダの思考とフロイトに始まる精神分析の思考をあらためて出会わせ、そのことを通して人間という謎に満ちた存在の全的理解が試されるいくつかの限界的場面にその知を向き合わせること、そして同時に、制度化され学としての体系性を手に入れる代償として精神分析が失ったものが何であるかを、デリダの思考を一種の触媒として明らかにすること、つまりは脱構築的読解の介入によって精神分析を変容させ、この知に新たな別種の射程をもたらすこと――だがこれはすでに、つつましいどころか、無謀な、あるいは傲慢な試みと言うべきかも知れぬ。そもそもわれわれは精神科医ではなく、正式な教育分析を受けた分析家でもない。ただ精神分析に関する一定の知見を有するだけ、とりわけフロイトからラカンに至る思考を、ヘーゲルやハイデガー、あるいはニーチェやヴィトゲンシュタインの思考とまったく同様に、比肩するもののない重要な認識論的枠組みをそこに見て取りながら過去三〇年以上にわたり熱心に読みかつ論じてきた経験がわれわれにはあるだけである。そのうえ、現在の精神医療の現場において、精神分析がかつての輝きを失い、医学、それどころか科学一般の範疇からすら除外されつつあるという状況を、その状況に実践的に関与し得ぬまま注目しているだけというのが、われわれの立場である。

だが、この状況は思考の歴史、こう言ってよければ西洋形而上学二五〇〇年の歴史に照らして、まったく正当化され得ない状況である。そして、そのことを断言し論証し得ると自負するわれわれの目からするとき、現在の精神医学の主流をなす思考が、みずからの盲点や狭隘性や単純性にまったく無自覚な、あるいはそれを自覚しながらもある種の政治的計算にもとづいてみずからを正当化し方法論を選別するイデオロギーであるということには、異論の余地がないとわれわれは考える。

たとえば「科学的エヴィデンス」という概念。それが精神分析を断罪する仕方のなんと愚かしく拙劣であることか。精神医療の現場でこの概念は、計算可能で統計学的処理可能ないくつかの単純素朴な実践を医療行為として妥当性を持つと思わせるために用いられている。一方に、心理学的諸方法論がある。ロールシャッハ・テスト、バウム・テスト、ソンディ・テスト……。これらのテストを通して、精神科医や臨床心理士は患者の反応を観察し、結果を数値化し統計処理し、恐ろしいことと言うべきだが病の診断さえすることが日常的に行なわれている。だが、これらの図像読解や描画法や画像選択実験が小学校の図画工作以上の認識論的-医療的効果をもたらすと考える人間は、まともな教養をそなえた一般社会人の中にはよもやいないだろう。これらのテストがいまだに医療機関で真顔で実施されているのは、それらが精神科医や臨床心理士の目の前で——まさに現前性の場において——、あらかじめ図式化・系列化された範囲内に収まる患者の心的傾向や偏差を表現させるものであり、決して無意識などという不可視の領域、非-現前的なる絶対的他性の場面へと踏み込むことを必要としない、人を安心させる無害な方法であるからだ。

同じことは認知行動療法についても言える。[1] 人間は誰でも外部環境からやって来る情報や刺激を受け取り、みずからにとってのその意味と価値を認知したうえで、外部環境に向けてそのつど反応し行動する。その際、その反応＝行動が社会の規範から見るとき、不適切であり、結果として社会に対する不適応をきたす場合が多々ある。その不適応を引き起こしていると推測される認知と感情と行動の「歪み」を、ある種の学習を反復することによって改善させることが認知行動療法の目的である――こう要約すれば、それほど間違ってはいないはずだ。しかし問題なのは、この方法論における人間の認知＝認識能力の極端な類型化であり、この方法論がその類型化を基準として患者に働きかけ、その結果生ずる不適応から適応への変化それ自体を治癒と見なしている点である。これはごく控えめに言っても、病の本質をまったく認識しないまま、表面化している症状のみを観察し、その症状の改善が見られればそれでよしとする対症療法に過ぎない。しかも、認知行動療法においては、患者の自己認識の方法としてたとえば「コラム表」と呼ばれる記録作成(呼称はさまざまである)が用いられるが、その単純さたるや唖然とするほかない代物である。記録用紙を構成する欄の典型は、たとえばつぎのようなものだ――「状況」「気分(強さ：〇〜一〇〇％)」「自動思考(確信度：〇〜一〇〇％)」「根拠」「反証」「適応思考」「心の変化」。このような項目を埋めることを繰り返すことで、患者は「自動思考(「さまざまな状況でその時々に自動的に沸き起こってくる思考やイメージ」)」から脱却し、認知の歪みを正し、不適応な反応パターンから適応的反応パターンへと変化することができるようになるのだという。そして患者の側におけるこの単純な方法に対応しているのが、治療者が形成する面接場面の単純性である。認知行動療法においても、精神分析と同様に、治療のためのセッションが設定される。治療者は面接の際に、患者の行動上の問題＝「症状」に焦点を絞り、患者の記録された「問題点」を改善すべく言語的および非‐言語的に働きかけ、操作的に誘導する。このような対話が繰り返されるからには、そこには、程度の差はあれ精神分析におけるのと同じ転移関係が必ず生じているはずである。にもかかわらず、認知行動療法においては、幼児期の家族関係や性的発達過程や情動的環境の歴史などの問題を意図的に考慮せず、それらが患者の症状形成には関与していないとあらかじめ断定し、それらを積極的に排除するのである。このような方法論によって構造化された面接場面で行なわれていることは、いかなる意味でも病の治療ではない。それはたんなる一方的な訓練である。社会の規範へいかに適応するかだけを目的とする、精神医療の名のもとに行なわれる徹頭徹尾プラグマティックな主体の強化訓練法……。「認知療法は、構造化された、短期の、現在志向的な心理療法であり、非機能的な(正確ではない、そして／あるいは、有用でない)思考や行動を修正し、いま抱えている問題を解決しようとするものである」[2]とジュディス・S・ベックは言う。だが「非機能的」な思考や行動を、「正確ではない」「有用でない」思考や行動を、「修正する」とは、いったい何のことか。ある思考や行動が「非機能的」であることを、それが「正確」でなく「有用」でないことを、誰があるいは何が、どのようにして判断するというのか。およそ正気の沙汰ではない。

このような方法論の数々が一定の「エヴィデンス」を持つというだけの理由で、あたかも精神分析に対して優位性をそなえているかのように見なす今日の精神医療の現状は、その見かけの合理性に反して、極度の理論的退行に、非合理的なまでの単純化に陥っていると言わざるを得ない。要するにそこでは人間存在を、その精神の病を、全的に理解しようとするような知は必要とされていないのだ。

その代わりに現代の精神医学が用意した決定的、というよりも独善的な解答が、かのアメリカ精神医学会によるＤＳＭであり、それと手を携えた精神薬理学である。「ＤＳＭ〔Diagnostic and Statistical Manual of Mental Disorders〕＝精神疾患の診断・統計マニュアル」とは、その名が示すように、精神医療の現場で用いられることを前提として作成された「マニュアル」である。だがその内実たるや、精神医学に関する素人の目にも明らかな理論上の誤謬に基づいたものであり、結果として非－科学的なものである。二〇一三年に改訂・刊行された最新版『ＤＳＭ－５』[3]の分厚いページをめくっていくと、そこには夥しい病名が列挙されている。大分類は計二二あり、たとえば「神経発達障害群」「統合失調症スペクトラム障害および他の精神病性障害群」「双極性障害および関連障害群」「抑うつ障害群」「不安障害群」「強迫性障害および関連障害群」「心的外傷およびストレス因関連障害群」等々から成っている。下位区分を見てみれば、たとえば「不安障害群」を構成するのは「分離不安障害」「選択性緘黙」「限局性恐怖症」「社交不安障害（社交恐怖）」「パニック障害」「広場恐怖症」「全般性不安障害」「物質・医薬品誘発性不安障害」「他の医学的疾患による不安障害」「他の特定される不安障害」「特定不能の不安障害」である。これらは、いかにもその原因が究明されることにより確立された疾患単位であるかのように書かれている。しかし実際には、DSMにおけるこれらの病名は、症状の観察のみによって、つまりある特徴的な症状のいくつかが認められることだけをもって区別され記述されているのである。したがってこのDSMに準拠する診断もまた、いわゆる「カテゴリー診断」、すなわちある患者の症状がDSMに記載された典型的な症状のうちのいくつかに該当すれば、病因を問わないまま「これは……障害である」と診断することになるのである。症状の恣意的な操作による列挙をあたかも疾患単位であるかのように思わせる「診断・統計マニュアル」……。

そこから帰結する最大の弊害が「診断のインフレ」[4]であり、その結果としての薬物療法への過剰な傾斜である。実際、右に見た「不安障害群」の下位区分は、従来の疾患単位で言えば(「物質・医薬品誘発性不安障害」を除き)すべて神経症＝心因性疾患である。にもかかわらず、DSMに準拠した場合、あたかも「限局性恐怖症」や「パニック障害」や「広場恐怖症」が独立した疾患単位であるかのように区別され、かつ、精神分析的療法の有効性が証明されているこれらの疾患に対しても薬物療法が第一選択肢とされることになる。事はそれにとどまらない。DSM–Ⅲ以来二〇年以上にわたってその編纂に携わり、DSM–Ⅳでは作成委員長を務めたアレン・フランセス博士その人が、DSM–Ⅳに独立した病名として記載されたために「子どもたちのあいだに精神疾患の三つのまやかしの流行が新たに発生」[5]したことを強い反省とともに認めている。その精神疾患とは「自閉症」、「注意欠陥・多動性障害（ADHD）」、「小児双極性障害（CBD）」である。博士によれば、「注意欠陥障害は発生率が三倍になり、自閉症は二〇倍に増加」し、「小児双極性障害」の発生率もまた「製薬会社の宣伝も手伝って二〇倍増加した(6)」という。しかも博士は、DSM－Ⅲ以後の精神医学が、生物学－脳神経学の発達を根拠とする精神薬理学の成果を活用しているように見える点についても、実のところ「精神医学のきわめて大きな弱点」は「生物学的検査が欠如している」ことにあり、「いろいろな種類の肺炎を引き起こすウイルスや細菌についての検査をせずに」「肺炎を診断するのに近い(7)」というのが現状であることをはっきりと認めている。精神疾患の原因を脳神経の変質に帰すと主張する生物学的精神医学が、実際には精神薬理学の水準に見合った生物学的検査－診断方法を持っていないのである。

　こうしたすべて、すなわち、「科学的エヴィデンス」の名のもとで起きている精神医学の世界におけるプラグマティズムの覇権、計量化と統計化と類型化そしてマニュアル化を通して行なわれる人間存在の疑似－科学的認識への還元、その隠されたあるいは公然たるポリティックス――こうしたすべてを考慮するとき、本書は不可避的に論争的性質を帯びざるを得まい。だがそれはなにも、以下のページに現代精神医学への批判が記されているという意味ではない。事はまったく反対である。なし得るかも知れぬ批判の数々を括弧に入れてわれわれが取り扱うのは、たとえば、フロイトの「不気味なもの」という概念化不可能なものの概念化をめぐる記述であり、ラカン的シニフィアンのうちに解消されない「散種」の運動であり、キリスト教的司牧制への抵抗としての「秘密」であり、心的な非‐場としての「クリプト」であり、アウシュヴィッツ以後の時代における「喪の作業」等々である。われわれが主張したいのは、いかに「科学的エヴィデンス」を欠いていようとも、これらが確かにわれわれの経験の領野に属しており、それなしにはわれわれがわれわれではなくなってしまうという単純な、だが歴然たる事実である。そして、ジャック・デリダという哲学者にとってその名に値する精神分析とは、ただそのような経験の領野を拓くかぎりにおける他の何にも還元不可能な知のあり方だったのである。すなわち、脱構築としての精神分析……。

　だからわれわれはこれ以後、無用な前提も自己正当化もぬきで率直に問いかけ、問いに応えようとするだろう。われわれはまだみずからの名を知らない。それは本書を読むあなたが、みずからの名を忘れるかぎりにおいて読者たり得ることをも意味するだろう。来たるべきわれわれの署名――それは、いまだ生成の途上にある。

第Ⅰ部 耳について

第一章　脱構築と（しての）精神分析——不気味なもの

《だが、事は倦むことなく耳に関わっている。すなわち、近接性の、絶対的固有性の、器官的差異の観念論化する消去の効果を産み出す、あのはっきり区別され、差異化され、分節化された器官に。それは、その構造が（そしてそれを喉につなぐその縫合が）器官上の無差異性という人を安心させる囮《おとり》を産み出すような器官である。諸々の器官、その他の諸器官の終焉を叫ぶためには、それを忘却するだけで——そしてそうするためにはまるでおよそ最も家族的な住処の中にであるかのようにそこに身を隠すだけで——充分なのである。》

——デリダ『哲学の余白』(1)

《差延の「度を超したエコノミー」こそが、非固有なるものと固有なるもの（ないし近接的なるもの）の対立措定の数々、固有性一般の、記念碑の、監視のそして墳墓（*oikos*〔家〕、*oikēsis*〔定着・安住の地＝墓〕）の価値の数々の封印を破る、この分析的手続きすべての主題であるでしょう。のみならず、同時に、同じ歩みによって、実際には、この手続きは固有なるものの法を、限定的で円環をなすエコノミーの閉域を、弄び、こじ開け、凌辱するのです。》

——同「哲学の耳を持つこと」（リュセット・フィナスとの対談）(2)

家と墓と――たぶんそう言えば、すでにわれわれは、ジャック・デリダにおける精神分析について何事かを語ったことになるだろう。しかし、ただちに言い添えねばならないが、それはデリダにおける精神分析が、たんに家族の――とりわけ「父 - 母 - 子」という三角形の――系譜学に還元されるからではないし、家族の系譜学を集約＝表現する記念碑や銘の解釈を目的とするものだからでもない。デリダ的精神分析において「家」が、そして「墓」が重要なのは、この思考が「家」そして／あるいは「墓」をめぐる西洋形而上学のあらゆる隠喩の襞に分け入り、その系列を踏破し、徐々にそしてただちに（この表現は矛盾ではない――緩慢さと切迫性の同時的出来というこの時間のパラドックスは、デリダの思考の本質特徴の一つである）それが適切性を失う地点へと、その概念を追放するからである。家の、したがって家族の物語――禁忌、抑圧、検閲、排除、またそれゆえの欲望、侵犯、罪責感、さらには妄想そして秘密――を、その最も複雑に絡み合う糸の数々を辿りつつ、その最深部におけると同時に最も浅い表面における痕跡の数々（それが「シニフィアン」ではないことについて、われわれはすぐに語るつもりだ）の戯れを通して読み解き、最終的な意義作用を欠いた「転移されるべき判じ絵［rébus à transfert］」[3]の次元へと（再）翻訳すること。それと同時に、死へと運命づけられた人間存在の時間――不安、苦悩、恐れ、またそれゆえの決意、覚悟、悲劇、そして喪と祈り――を、その最も高い人称性が最も高い非人称性と区別されなくなる場面へと導き、そのことを通して、人間存在の有限性を、いかなる超越者による保証も欠いたままで、無限や永遠とは異なる別種の反復そして終わりなき回帰の経験へと変容させること。つまりは、家そして／あるいは墓が本来ならば保っているはずの閉域を解除し、未知なるもののほうへとその閉域の安定性を無際限に開いてしまうこと。これこそがデリダ的精神分析の効果である、とさしあたり言っておこう。

その意味で、デリダにおける精神分析を形象化する特権的人物が、かのオイディプス王であること、ただし「オイディプス・コンプレックス」という手垢にまみれた概念が参照するあの凡庸な存在ではなく、『コロノスのオイディプス』に描き出された魅惑と謎に満ちた存在であることを初めに指摘しておくことは無駄ではあるまい。ソフォクレスはこの悲劇においてオイディプスに何を語らせているか。近親相姦と父殺しという二重のあってはならない罪によってすでに法‐外の存在、人間の掟を踏み越えたがゆえに追放され、盲目の老人と化して「国を追われた身」として、「よその者」[4]としてアテナイにやって来たオイディプスは、その死に際して、異邦人たるみずからの異質性を幾重にも倍加する。すなわち、みずからの死という出来事を秘密の贈与として差し出すことによって――

テーセウス　すでに、これまで多くの者から、血に染まって
両の眼を失くされたと聞いていたので、ライオースのお子よ、
わたしには、あなただと、すぐにわかった。それに今また、ここまでくる途中、
話を聞いていたから、なおさらたしかだ。

その身にまとっているものと、痛ましい顔つきからも
あなたが誰であるかは明らかだ。気の毒でならぬゆえたずねたい。
悲運なオイディプースよ、この国に、またこのわたしに
何の頼みがあって、あなたと、あなたの悲運な介添えはやって来られたのか。

〔…〕

オイディプース　わたしは、この哀れな体を、あなたへの
贈り物にしようとしてやって来た。見た目には、ぱっとしないものだが、
これでも、美しい姿にまさる利益となる。

テーセウス　どんな利益を身に帯びて来たと言われるのか。

オイディプース　そのうちお分かりになろうが、目下のところは、恐らくまだ無理。

テーセウス　では、どの位したら、あなたの御利益《ごりやく》は現れるのか。

オイディプース　わたしが死んで、あなたが埋葬してくれたときに。(5)

〔…〕

オイディプース　アイゲウスの子よ、わたしはこの国にとって、
歳月によって害《そこな》われることなく秘蔵されるべきものをお教えしよう。

これからすぐに、わたしは、誰に手を引いてもらうこともなく、
自分一人で、わたしが死ぬべき場所へと御案内しよう。
その場所は、どんな人にも、決して明かしてはならぬ。
どこに隠されているのかも、あるいはどのあたりにあるのかも。
そうすれば、その地はあなたにとって、あまたの盾、また援軍の
槍にもまして、隣国に対する永遠の守りとなろう。
だが、秘すべきことどもは口に出してはならないが、どんなことかは
あなたが一人でそこに行ったとき、お分かりになるだろう。
何しろわたしは、この国のどんな人にも、また、たとえどんなに
愛《いと》しくあろうと、自分の娘たちにも言ってはならぬのだ。
それより、あなたが一人でいつまでも胸に秘めておき、あなたが
人生の終りに臨んだときに、それを長男にだけ示し、
そしてまた、その跡継ぎへと、つぎつぎに永遠に伝えてゆくのだ。
〔…〕
もはや、わたしは、わたしの生命の極みをハーデースのもとへ隠しに行く。
さあ、友の中でも最愛の友よ、どうか、あなた自身と、この土地と、
あなたの臣民たちが幸せでありますように。そして、幸福のうちにも

死んだわたしを、あなた方のとこしえの幸せのために、忘れないでくれ。(6)

ここでは墓は、家族の系譜における喪の中心であることからはるかに遠く、一つの共同体全体の幸福の約束、かつ忘却の禁止を命じられることによって強迫的拘束の場と化しており、それが受け入れる死もまた個体の有限性の確認を超えて、ある秘密の贈与そして諸世代間の伝達可能性へと変質している。そしてこのとき、テーセウスはそのようなメッセージの総体の「人質」となる。デリダは書いている——

かくして主人は留めおかれた人質、監禁された名宛人と化す。彼は、オイディプスがまるでいささかキリストのようにして、みずからの死にゆき〔mourance〕から、あるいはみずからの滞留状態〔demeurance〕から、あるいはみずからの瀕死の過程〔demourance〕から作り出した贈与に責任を負う者でありかつその犠牲者であるのだ——これはわが肉体である、どうか私の思い出としてそれを守ってほしい。異邦人ないしお気に入りの主人、すなわち愛するテーセウス（*philtate xenōn*）にオイディプスはこのように言葉をかける、まさにその最期の意志＝遺言のとき、まさにオイディプスが彼にみずからについてのこの両義的な厳命をゆだね、みずからの地下墓所《クリプト》の秘密に関する打ち明けられた打ち明け話をゆだねるその瞬間に。かくして選ばれた主人は一つの誓約によって縛られた人質となる。彼が自分が拘束されていると知るのは、彼が自発的に発したであろう誓約によってではなく、彼がその中に非対称的に自分が巻き込まれていると悟った、そう、悟った一つの誓約(*orkos*)によってなのである。[7]

ここにはすでにデリダにおける精神分析という知の複雑な、容易に定位しがたい布置と構造が指し示されている。短いエピソードとその解釈の中に確認されるのは、テーセウスという「主人」が、オイディプスという異邦人を受け容れることによって、ただたんにその死の証人となるだけではなく、この異邦人がみずからの「死にゆき」から「作り出した」贈与に責任を負い、その犠牲者とすらなるということ、さらにその地下墓所＝クリプトの秘密を受け取ることによって、法‐外の存在たるオイディプスの生きてきた時間から発せられるメッセージに「非対称的」に巻き込まれることをわれ知らずに誓約する「人質」となるということ、つまりはオイディプスの墓に集約されるであろう法‐外な精神とその来歴を、主人の資格を喪失しつつ、テーセウスが分有すべく運命づけられるということである。

主人と人質の両義性、贈与による拘束、秘密の伝達、そしてクリプト……。われわれはすでに制度化された精神分析にとっての〈外〉、あるいは科学的言説ならば回避するであろうクリティカル・ポイントに足を踏み入れ始めている。デリダ的精神分析にとって、その思考は誰かある主体の精神をあれこれの概念図式にしたがって分析することをまったく意味しない。とりわけある仮定された因果律に沿って「症状」からその「病因」へと遡及し、「病因」の意識化による「症状」の解消を目指すといった目的論にそれは決して還元されるものではない。むしろそれは、ちょうどテーセウスとオイディプスのあいだでのように、非対称的なメッセージの伝達関係の中で、伝統的諸概念が（再）問題化され概念としての安定性と適切性を喪失するに至る場所を開くこと、すなわち〈精神－を－分析する〉という作業に関わる「科学的」諸概念（「主体〔sujet〕」「分析主体〔analysant〕」「無意識〔inconscient〕」「シニフィアン〔signifiant〕」「症状〔symptôme〕」等々）がことごとくその根拠を失って雪崩れていく、そんな陥没点を出来事として惹き起こすことに存するのである。だが事を急いではなるまい。そのことを明確化するためにはいくつもの前提が、そしてわれわれ独自の言説の布置が必要である。

ところで、われわれはすでに「家」をめぐり、「墓」をめぐって語り始めてしまった。そしてこの二つの炉＝中心〔foyer〕についてのデリダの言説が「不気味なもの」であることへの暗示をサブタイトルの資格で刻みつけておいた。そこにはいったい何が賭けられているのか。

「不気味なもの」がフロイトにとって特別な感覚ないし感情価であったことはよく知られている。論文「不気味なもの」（一九一九年）は、その明示的な意味内容はさほど難解ではないにもかかわらず、第一次世界大戦の直後から、『快原理の彼岸』（一九二〇年）、『集団心理学と自我分析』（一九二一年）へと展開されるいわゆる「メタサイコロジー」著作群のすべてがそうであるのと同様に、この論文も概念化不可能な思考の領域への言及を含んでいる点において排他的重要性をそなえている。「不気味なものとは、ある種の驚愕をもたらすものなのだが、それは旧知のもの、とうの昔から馴染みのものに起因するのだ。そんなことがどうして可能になるのか」[8]とフロイトは問う。この両価性の分析に際してフロイトが援用するのは、独自の語彙論的方法である。フロイトはまず、ダニエル・ザンダースによるドイツ語辞典（一八六〇年）の「不気味な＝unheimlich」の項におけるその説明が《heimlich》＝「家の一員である、よそよそしくない、馴染みの、飼い馴らされた、打ちとけてくつろげる、故郷をしのばせるような」から始まっていることに注目する。《heimlich》＝「馴染みの、内密の」という形容詞は「意味のうえで多彩なニュアンスを示しながら、反対語である un-heimlich〔不気味な〕と重なり合う意味をも表す」[9]。すなわち、《heimlich》とは本来、〈家 Heim に属する〉、したがって〈居心地のよい〉、〈親しい、馴染みの、打ちとけた〉といった意味系列を表現する語だが、転じて〈秘かな、内密の、隠された〉、さらには〈窺い知れぬ〉といったニュアンスを帯び、そこから時として、「通常は unheimlich がそなえる意味を担うに至る」[10]のである。ザンダースの辞典中の用例でフロイトが強調しているものの一つはつぎのようなものだ——「私たちはそれを un-heimlich と呼ぶけれど、あなたは heimlich と呼ぶのね。この家族は何かを隠しており、どこか信用ならないなんて、一体あなたは何を理由に感じるの」[11]。こうした記述を辿ったうえでフロイトは暫定的につぎのように言う——「heimlich は、両価性《アンビヴァレンツ》に向けて意味を発展させてきた単語であり、最終的には、その反意語である unheimlich と重なり合うまでになる。unheimlich であるとは、どのようにしてか、ある種 heimlich であることなのだ」[12]。

ところで、こうして「言葉の慣用が内密なものをその反対物に、つまりは不気味なものに変換する」のは理由のないことではない。それはフロイトの仮説によれば、われわれが「不気味なもの」として表象するものが、実際には「何ら新しいものでも疎遠なものでもなく、心の生活には古くから馴染みのものであり、それが抑圧のプロセスを通して心の生活から疎外されていたにすぎない[13]」からなのである。そこからフロイトは「不気味なもの」を「内密にして－慣れ親しまれたもの、抑圧を経験しつつもその状態から回帰したもの[14]」と定義し、それはわれわれの意識の「去勢コンプレックスへの接近」であるという第二の仮説を提示するに至る――

> 神経症の男性が、女性の性器は自分にとって何かしら不気味だと断言するということがしばしば起こる。この不気味なものは、しかし、人の子にとって古の故郷への入口、誰もがかつて最初に滞在した場所への入口なのだ。〔…〕つまり、不気味な〔unheimlich〕ものとは、この事例にあっても、かつて慣れ親しんだ〔heimisch〕もの、古くから馴染みのものである。そして、この言葉についている前綴り「un」は、抑圧の目印なのだ[15]。

この仮説が、例によってフロイトの長い臨床経験と緻密な省察そして天才的な直観に支えられたものであることは言うまでもない。「不気味なもの」が「去勢コンプレックス」に結ばれていることは、疑い得ない仮説以上の明証事と言ってもよいかも知れぬ。だが、そのことを認めたうえで、われわれはこの論文に刻まれた異質性、「去勢コンプレックス」という概念の一般性には還元し得ないもう一つの音域の存在に注意すべく促される。

この論文の第二節でフロイトは、「不気味なものという感情を特に強くまた明瞭にわれわれの内に呼び覚ます」実例の検討を展開しており、そこで扱われるのはE・T・A・ホフマンの二つの小説、『砂男』と『悪魔の霊液』である。前者は、寝つかない「子供の目をえぐり取(16)」りにやって来る「砂男」の話を幼年期に母そして子守女から繰り返し聞かされたナタニエルの物語である。彼は子供の頃、父のもとへ頻繁に訪れる弁護士コッペリウスを「砂男」と同一視し、ある時「不安のとりこ」になり「初めて起こした精神錯乱」の中で、コッペリウスが「かまど」の「炎の中から灼熱した粒を取ってきて」みずからの目をつぶすという「空想」に囚われ「深く気絶し長い病の床につく」。いったんは忘却されたこの体験は、学生となったナタニエルが「イタリア人眼鏡商ジュゼッペ・コッポラ」に出会い、コッポラがスパランツァーニ教授とともに作った「機械仕掛けの人形」である美しいオリンピアの「床にころがった血まみれの両目」を見たとき、再び「狂気の発作」として蘇る。そしてこの「狂気」は、結婚を控えたナタニエルが穏やかな散策の途中にある広場の塔のうえに登り、ポケットに入っていたコッポラの望遠鏡を使って観察した結果、群衆の中に「突如として再び〔…〕姿を現した」弁護士コッペリウスを目撃したとき、主人公を決定的に襲い、「そうだ、美しい目、美しい目だ」と叫びながら彼は身を投げ「顔面をぐちゃぐちゃにつぶした姿で」墜落死することになる。

この物語を読むフロイトが、「目をめぐるこの不安、盲目になるかもしれないという不安」を

「去勢不安の代替物[17]」と見なすのは説得的である。ナタニエルの父は、弁護士コッペリウスが最後に訪問した際の「仕事部屋で起こった爆発」によって「命を落とす」のであり、したがって、父性の喪失という出来事とコッペリウス＝「砂男」は分かちがたく結びついているということ、そして「眼球に傷を負う、あるいはそれを失うことが、子供が抱く驚愕すべき不安」であり、かつこの不安が「多くの大人にはそのまま残り」、「何かを自分の目の玉のように大切に守る[18]」という慣用表現があるほど心的生にとって重大な不安であることからしても、「砂男にまつわる不気味なものを子供の去勢コンプレックスから来る不安に帰してみたい[19]」というフロイトの推論には、必要充分な理由がある（弁護士「コッペリウス」と眼鏡商「コッポラ」がその名の相似性において結ばれていることは言うまでもない）。

ところが、後者の物語はいったいどうか。フロイトは「この小説の内容はあまりに豊かであまりに錯綜しているので、あえてそこから一部を抜粋しようなどという気持ちにはなれない[20]」と言う。だが、この小説を実例ないし口実としてフロイトが語る「不気味な効果を引き起こす数々のモティーフの中で最も顕著なもの」は明瞭な名で呼ばれている。「ドッペルゲンガー」（＝「分身」「自己像幻視」）がそれだ。そしてこの点にこそ留意しなければならないが、その異例の深く強い関心にもかかわらず、「ドッペルゲンガー」の「不気味」さは、ここでのフロイトの仮説にして結論である「去勢コンプレックス」とは何の関係もないのである。

フロイトはまず、ここで言う「ドッペルゲンガー」が「ニュアンスと造型の度合を異にするありとあらゆるタイプを含む[21]」と述べる。曰く「外見がそっくりであるために同一人物と見なされてしまう人々の登場」――「テレパシー」――「自分の自我を他人の自我で置き換えてしまうこと」――「自我の二重化、自我の分割、自我の交換」――「等しきものの絶えざる回帰」――「同じ容貌・性格・運命・犯罪行為、いや同じ名前まで何世代にもわたって連続して反復されるという事態[22]」……。ついでフロイトは、オットー・ランクによる先行研究を援用しつつ、暫定的な概念化を試みる。「ドッペルゲンガー」とは「もともと、自我の没落に掛けられた保険[23]」であり、古代エジプトの文化における「死者の像を永続的な材料の中に造型しようとする芸術[24]」に典型的に見られるように、「死の力を断固否認すること」(O・ランク)がその動機だったのである。けれどもこうした「無制限の自己愛」を基盤として成立した表象は、「子供や原始人」におけるような「一次的ナルシシズム」の段階が克服されるや変化する。すなわち、「死後における生の継続を保証するもの」であった「ドッペルゲンガー」が、「死の不気味な先触れとなる[25]」のである。

「肉体の最初のドッペルゲンガー」としての「「不死」の魂」と、その反転形態たる「死の先触れ」としての「ドッペルゲンガー」――だがしかし、このような概念形成はフロイトを満足させはしない。「ドッペルゲンガーにまつわる異常に高い度合の不気味さ[26]」はいまだまったく理解不可能であり、「ドッペルゲンガーを何かよそよそしいものとして自我の外部に投射しようとする防衛[27]」がいったいどこに、いったい何に由来するのかは説明できないのである。ところが、フロイトはここでいささか唐突に、しかし秘かな確信をこめて、同じものの反復こそが不気味な感情の源泉である、と述べる――「同じ事態の反復というこの契機が、不気味な感情の源泉として誰からも認められることは、おそらくあるまい。しかし私の観察では、それは一定の条件のもと、一定の状況と結びつくと、疑いの余地なく不気味な感情を引き起こす(28)」。繰り返すが、これは前後の脈絡からは導き出しようのない、まったく唐突な断言である。そしてこれに続く記述は、みずからが「ある暑い夏の午後、イタリアの小さな町」で道に迷ったときの経験談である。人気のない町のある一角を歩き回っているうちに、フロイトは自分の位置を見失い「しばらくの間不案内にあちこち迷い歩いた後」、突然「自分が再び同じ通りに戻ってきていること」に気づく。彼は「大急ぎで」「そこから遠ざかろう」とするが、「新たに回り道をした挙げ句に三たび」同じ場所へ戻ってしまう。その時フロイトを襲ったのが「不気味なとしか表現しようのない感情(29)」であり、しかもフロイトによれば、この時の状況の具体性は本質的に関与的ではなく、「意図せざる回帰という性格」を共有する状況のすべてでは、「寄る辺なさと不気味さというこの同じ感情(30)」を引き起こすのである。

この経験を受けてフロイトはさらに、日常における同じ数字の符合――普通「偶然」と呼ばれる――についても、「住居やホテルの部屋、鉄道の車室など番号を冠するものがどれもみな、繰り返し、少なくとも部分的には同じ数を含んでいる、という事態を観察する羽目になったりすれば」「この事態は「不気味」と見なされる(31)」と述べる。明らかにフロイトは、みずからの精神分析学上の仮説、すなわち科学的検証に耐え得る、そして一般的概念として精神分析の理論と実践に役立ち得る範囲を超えて記述を進めている。換言するなら、ここでのフロイトは精神分析学の内部で言説を紡ぎつつ、すでに精神分析学の外部へと通ずる道に身を置いているのである（事実、フロイトは「ドッペルゲンガー」のタイプとして「等しきものの絶えざる回帰」を挙げていた——この言葉そのもののうちに、ニーチェの反響を聴き取らないことはむずかしい）。

そしてついに、われわれはつぎのような一節に出会うことになる——

> 同じ種類のものの回帰にまつわる不気味さが、幼児の心の生活からどのように導出されうるかについて、私はここでは示唆するにとどめるしかなく、そのかわりとして、これとは別の連関ですでに用意されている詳細な論述を引き合いに出さざるをえない。つまり、心の無意識の中には、欲動の蠢きから発生する反復強迫の支配を認めることができるのである。この強迫はおそらく、欲動の最も内的な本性そのものに依存しており、快原理を超え出るほどにも強く、心の生活の特定の側面に魔的《デモーニッシュ》な性格を帯びさせるものであって、小さな子供が様々に追求することのうちにはいまだにとてもはっきり表明されており、部分的には神経症患者の精神分析の経過を支配している。ここまでに述べられた究明の全体を通して、われわれは、内的反復強迫を思い起こさせうるものはすべて不気味なものと感じ取られるだろうと考える用意が整ったのである。[32]

決定的なくだりだ。ここに至ってわれわれはフロイトの精神分析学をたんなる心理学から峻別する本質特徴を、そしてフロイトの思考とデリダの思考とが互いに重なり合い、互いに翻訳される領域（なき領域）としての「不気味なもの」を確認することができる。

第一に、「不気味なもの」の現れとして「ドッペルゲンガー」を名指したとき、そこではすでに自己像を幻想的に外部に知覚してしまうという病理よりも、むしろ「分身」における〈二〉が、すなわち「同一なるものの反復」が問題になっていたということ（この「反復」が「同一なるもの〔le même〕」のそれであって、「自己同一的なもの〔l'identique〕」のそれではない、という点にも留意しておこう――これはわれわれが直面しつつあるフロイトとニーチェの類縁性に関わる重大な差異である）。

第二に、この「反復」が、その通常の語義からはるかに遠く、われわれの日常的論理を超えた理解を要求するものであるということ。「反復強迫」において「反復」されるものが、かつて生きられた経験ではなく、さらに生の論理、有機体の論理に包含されるものですらないということをわれわれは確認しておかねばならない。ここでフロイトが「別の連関ですでに用意されている詳細な論述」と暗示しているのは『快原理の彼岸』（『快感原則の彼岸』）のことであり、そこに記された「思弁」[33]は、しかし観念論的であるどころか強い説得力をそなえている。母親の不在というみずからにとって「苦痛な体験」を「遊びの劇として反復する」[34]子供の観察を通して、また他方で「外傷性神経症」（とりわけ「戦争神経症」）の患者が願望充足を本質とするはずの夢においてみずからを「再三再四その災害情況に連れ戻[35]」す（フロイトはこれを「自我の謎めいたマゾヒズム的性向[36]」とも呼んでいる）のを観察して、フロイトは「快のいかなる可能性も含まない過去の体験」「それが生じた当時でも満足のゆくものではありえなかったし、それ以来抑圧されている欲動の蠢きにとってすら満足のゆくものではありえなかった、そういう体験をも再びもちきたらす」これらの「反復強迫」[37]が、あらゆる生命に潜む「快の獲得と不快の回避という意図以上に根源的な」[38]欲動の現れ、すなわち、すべての有機体はそれが有機体であるという事実そのものにおいてある「緊張」をはらんでおり、その「緊張」から解放されるべく「無生命へ回帰しようとする欲動」[39]を有すると確信するに至る。フロイトによれば「生命あるものはすべて内的根拠に従って死に、無機的なものへ帰ってゆく」のであり、「あらゆる生命の目標は死」[40]であるのだ――

有機体の生命現象の背後には欲動の大群の存在が認定されるが、そうした欲動に関しても、いま述べた推論に劣らず、奇異に聞こえる結論が帰結するだろう。つまり、生きた存在にはそれぞれ自己保存欲動が属すると認められているが、そうした欲動の設定は、欲動の全生活が死を招き寄せることに奉仕しているという前提に、奇妙に対立するのである。自己保存への、権力への、名声への欲動の理論的意義は、この光のもとで見られると萎縮してしまう。それらは部分欲動であって、その役目は、死に至る有機体固有の道を確保し、無機的なものへ回帰するに際して有機体に内在する回帰可能性以外は遠ざけておくことである。[41]

「快原理を超え出るほど」強い死の欲動――だが、注意しよう。ここで語られているのはたんなる二元論ではない。すなわち、フロイトはわれわれの常識となっている人間存在の欲望における死に対する生の優位性を、ただたんに逆転させてみせたのではない。この論考の特異性は「自我のいわゆる自己保存欲動をも死の欲動に数え入れよう」[42]とする点、つまりは生／死の二元論を非‐対称的に組織解体する、生の対立項にとどまらないような別種の〈死〉のエコノミーを人間存在の根源に認める点にある。そしてまさにこの点にこそ、デリダはフロイトの思考の最大の可能性を見ているのである。デリダは書いている――

フロイトの思考を支配することを止めないであろうあるモティーフにしたがうなら、この運動は、危険な備給を遅らせることによって〔en *différant*〕、つまり一つの留保(*Vorrat*)を構成することによって、みずからを保護する生の努力として記述される。脅威となる消費あるいは現前が、通道あるいは反復の助けを借りて延期されるのである。これはすでに、現実への快楽の関係を創始する迂回(*Aufschub*)なのではなかろうか?(『快原理の彼岸』、前出)これはすでに、生の原理のうちにおける死であり、この生はただ死のエコノミー、差延〔différance〕、反復、留保によってしか死に抗してみずからを守ることができないのではなかろうか?[43]

おそらく生がみずからを守るのは、反復、痕跡、差延によってである。しかし、このような定式化には警戒が必要だ。すなわち、まず初めに現前的な生があり、ついでそれが差延においてみずからを守り、みずからを日延べし、みずからを留保することになるわけではない。差延こそが生の本質を構成しているのである。むしろこう言おう。差延とは一つの本質ではなく、何ものでもないのだから、もし存在がウーシア、現前性、本質／実存、実体あるいは主体として規定されるのだとすれば、差延は生ではない。存在を現前性として規定する前に、生を痕跡として思考する必要がある。これこそは、生は死であると言い得るための、反復と快原理の彼岸は起源的なものでありそれらが侵犯するものそれ自体に先天的にそなわっていると言い得るための、唯一の条件なのである。(44)

人間存在が生／死の分割以前に、つねにすでに差延としてある（この二文字は抹消符のもとにあると解されたい）ということ、したがって生はつねに延期、迂回、留保の中にあり、それゆえ生はいささかもア・プリオリな優位性をそなえておらず、生き生きとした現前の純粋性といったものは日常の感覚としてであれ理論的仮定としてであれ、結局は制度化された虚構にすぎず、人間存在はつねにすでに死のエコノミーの中へ追放されているということ。これこそが、「不気味なもの」という感覚ないし感情価のもとでフロイトが直観していた真の事態にほかならない。「去勢コンプレックス」という仮説は、いわば科学としての精神分析的言説の主体たらんとするフロイトが副次的に生み出した囮にすぎないのだ。

ところで、われわれはデリダ的精神分析における「家」そして／あるいは「墓」という二つの炉＝中心〔foyer〕の重要性をすでに言った。そして「不気味なもの〔unheimlich〕」をめぐるフロイトの辞書学を辿る中で、部分的にせよこの感情価と「家〔Heim〕」との結びつきに触れてきた。〈家＝Heim〉は〈くつろげる・馴染みの・故郷をしのばせる＝heimelich〉という形容詞を導き出し、しかしその名詞形《Heimlichkeit》は〈親密であること〉を意味するが、同時に〈内緒ごと・秘密〉をも意味し、つまりは〈Geheimnis＝秘密〉へも送り届け、最終的には〈unheimlich＝不気味な〉と重なり合ってしまい、したがって「墓〔Grab〕」の通俗的観念をも指し示すようになるのである。別の角度から言えば、生者の居所たる「家〔oikos〕」と死者の居所たる「墓〔定着・安住の地＝oikēsis〕」は、ともに〈エコノミー＝経済＝oikonomia〉を語源とするという語源学的類縁性以上に、〈馴染んだ＝heimlich／不気味な＝unheimlich〉の相互的翻訳可能性、語のまさに経済性＝エコノミーによって、つまりはエ、コ、ノ、ミ、ーのエコノミーによって、互いに互いの分身であり、鏡像的シミュラクルである。要するに「家」と「不気味なもの」、「家」と「秘密」、そしてさらに「生」と「死」は（ここに飛躍があるとすれば、われわれは後に立ち戻らねばなるまい）、完全に〈同じもの〉であり、〈同一なるもの〉の反復なのである。これらの語彙の滑りゆく領域、通常対立する二項が〈同一なるもの〉の反復として無限に回帰し送り返し合うこの地帯……。デリダにとって精神分析とはまさに、こうした生／死の相互的翻訳が作動する領野の全域を相手取って行なわれる理論的闡明＝対決〔Auseinandersetzung〕の名なのであり、その点において、たとえばジル・ドゥルーズ&フェリックス・ガタリの姿勢とは大きな隔たりがある。

むろんドゥルーズ&ガタリによる精神分析批判が、たとえば『アンチ・オイディプス』というタイトルが予想させるほど単純なものではなく、フロイト－ラカンの諸概念装置を深く理解し、それゆえの困難を引き受けたうえで、そこからの脱出を企てる徹底した企てであることはあらためるまでもない。さらに言えば——この点については次章で詳述するが——、ドゥルーズ&ガタリにおけるフロイト－ラカン批判が真っ先にかつ最終的に照準を合わせているのは、「偉大なる〈ファロス〉」、すなわち「オイディプスへの忍従、去勢への忍従、少女たちにはペニスの欲望の断念を、少年たちには雄としての反抗の断念を、要するに「自分の性を甘受すること」を教える」「重ね合わすことのできない両面における〈欠如〉」であり、「純粋に神話的なもの」「否定神学の〈一者〉のようなもの」として「欲望の中に欠如を導入し、排他的な系列を生みだし、これらの系列に対して、目標や根源や忍従の道を定める」[45]そんなシニフィアンとしての「ファロス」であるが、デリダのとりわけラカンに対する批判もまたこの「ファロス」という「特権的シニフィアン」の機能を問題化することに存する。そしてその際、ファロスという「象徴的第三項」の悪しき効果としてドゥルーズ&ガタリは「二つの全体化作用」(一方は「出発点の集合において不在や欠如として働く象徴的シニフィアンのもとで、社会体が欲望機械に構造的同一性を与えるときの全体化」、他方は「到達点の集合に欠如を分配し、「空洞化する」想像界のシニフィエによって、家族が欲望機械に人称的統一を強制するときの全体化[46]」）を挙げているが、この「全体化作用」もまた、ラカンのシニフィアン理論に対するデリダによる批判の最も枢要な点に位置している。だが、にもかかわらず、やはり両者のあいだには還元不可能な差異があると言わねばならない。ドゥルーズ&ガタリが、「ファロス」という項を導入すること自体を誤謬と断じ、「無意識はオイディプスも知らなければ、去勢も知らない。また両親も神々も法も欠如も……知らないのだ[47]」と宣言するのに対し、デリダはむしろ、なぜフロイト－ラカンが、そして今なおわれわれが「オイディプス」を、「去勢」を語り、「無意識」における「両親」「神々」「法」「欠如」をめぐる物語を語り続けるのか、そしてドゥルーズ&ガタリの宣言にもかかわらず、われわれの社会－欲望機械が生産するテクスト群に「オイディプス」が、「両親」が、「法」が不可避の（まるでそれらなしにはわれわれがわれわれでなくなってしまうかのように運命的に）刻印を打ち込み続けるのか――このような問いをこそ引き受けようとしているのだ。

　家とは、そして墓とは、その見かけの如何にかかわらず、したがってデリダ特有の「古名〔paléo-nymie〕」の戦略に織り込まれたトポスである。それは「父」や「母」がそうであり、「欠如」や「法」が、それどころか「無意識」そのものがそうであるのと同様である。それら古くからの馴染みの名を、未聞の不気味な音域に投げ込み、そこにおける反響の数々を聴き取ること――これこそがデリダにとっての精神分析の実践である。だが、この未聞の〔inouï〕音域とは、いったいどのような音域なのか。

　デリダは、みずからが練りあげた概念ならざる概念たる「差延」を定義しようとする論考の中で、つぎのように書いている――「諸力のエネルギー論ないし経済学としてのこの差異＝遅延論〔la diaphoristique〕――それは意識としての現前性の優位を問題化することを任ずるものだ――が、フロイトの思考の主要なモティーフでもあることは歴史的に意味深いことである。それはもう一つの差異＝遅延論であり、暗号の（あるいは痕跡の）理論とエネルギー論の総体である。意識の権威の問題化は、何よりもまずそしてつねに差異論的〔différentiale〕なものである」(48)。ここで「意識としての現前性の優位を問題化」することが「歴史的に意味深い」というくだりは、その直前に名指されたニーチェ流の「形而上学の文法の全体系」に対する「諸力の差異」の「「能動的」不調和」(49)とフロイトとの同時代性を強調しているにとどまるが、デリダはフロイト理論において「差延」における「空間化」と「時間化」という「二つのいっけん異なる価値」が結び合うことを述べた後、一気に論理を深化させ「差延の謎そのものに触れる」に至る――

> いかにして同時に思考すればよかろう――同一なるもののエレメントの中で、快感を、あるいは計算（意識的あるいは無意識的な）によって差延された現前性を再び見出そうとつねに狙っている経済的迂回としての差延と、他方における不可能な現前性への関係としての、留保なき消費としての、現前性の取り返しのつかない喪失としての、エネルギーの不可逆的な消耗としての、それどころか死の欲動としての、そして見たところあらゆる経済を中断させるまったく－他なるものへの関係としての差延とを？　経済的なるものと非－経済的なるもの、同一なる

ものとまったく－他なるものとを一緒に思考することができないのは明らか――これは明証事そのものだ――である。

〔…〕

というのも、差延の経済的性格は、差延された現前性がつねに再び見出されるということを含意するものではいささかもないし、そこにあるのはただ現前性の現前化作用を、利益の知覚ないし知覚の利益を一時的にかつ損失なしに遅らせるような投資＝備給だけだということを含意するものではいささかもない。差延の経済的運動についての形而上学的、弁証法的、「ヘーゲル的」解釈に反して、ここで認める必要があるのは、負けた者が勝つようなゲーム、人がいつでも勝ちかつ負けるようなゲームである。逸らされた現前化作用が決定的にかつ容赦なく拒絶されたままにとどまるとしても、それは、ある種の現在が隠されたまま、あるいは不在のままだということではない。そうではなく、それが現前性と不在の二者択一を超え出るものだということをわれわれが必然的に見誤るところのものとの関係のうちに、差延がわれわれを保つということなのである。ある種の他性――フロイトはそれに無意識という形而上学的な名を与えている――が、現前化作用のあらゆるプロセスから決定的に逃れ去っているのだ――そのプロセスを通してならば、われわれはその他性にみずから姿を見せるように呼びかけることもできよう、そんなプロセスから。〔…〕現前性のあらゆる可能な様態との関係においてラディカルなこの他性は、事後性の、遅れの還元不可能な諸効果のうちに刻印される。そして、それらの効果を記述するため、「無意識的な」諸痕跡（「意識的な」痕跡などというものはない）の痕跡の数々を読むためには、現前性のあるいは不在の言語活動や、現象学の形而上学的言説は不適切なのである[50]。

「あらゆる経済を中断させるまったく－他なるものへの関係」としての差延、「現前性と不在の二者択一を超え出る」何か、「現前化作用のあらゆるプロセスから決定的に逃れ去っている」「ある種の他性」……。このような場ないし運動をなおも「無意識」と呼ぶのは、ただたんに西洋形而上学の伝統の中にそれに適合する呼称がないからにすぎない。そしてこの名のない、あるいは「無意識」という「古名」によって呼ばれた、しかし未聞の＝かつて聴かれたことのない〔inouï〕音域に新たに、そのつど新たに耳を差し出すこと――それをこそデリダは、その長い思考の実践を通して絶えず試みてきたのである。そしてその実践は、厳密に言えば読解でも批判でも分析でもない。西洋形而上学の文法の数々を脱臼させ、その言説に中断ないし沈黙を余儀なくさせ、「真／偽」をはじめとするあらゆる二項対立（「意識／無意識」がその代表例の一つであることは今しも見たばかりだ）を失効させるこの作業の名は、すでに知られるようになって久しい。脱構築と（しての）精神分析――これ以降、われわれがこの出来事の場面を離れることは決してないだろう。

第二章　ラカンを超えて——ファロス・翻訳・固有名

《このようにして抑圧された種子＝精子の差延とは対照的に、ロゴス中心主義の円環において語られる真理は、父に帰着するものの言説である。》

——ジャック・デリダ『散種』(1)

《名、とりわけいわゆる固有名は、さまざまな差異からなる連鎖ないし体系の中につねに捉えられていることが見て取れる。固有名が呼称となるのはただ、それが一つの形象化の中にみずからを書き込み得るかぎりにおいてのみである。名の固有性は、間隔化を免れてはいないのだ。》

——同『グラマトロジーについて』(2)

　脱構築と（しての）精神分析と言うとき、かくしてわれわれは一つならずの大きな問いの前に立つことになる。そしてこの表現はただちにつぎのような問いへとわれわれを送り届けるだろう。すなわち、「脱構築」と呼ばれる思考の運動ないし出来事のうち、いったい何が精神分析に還元され得ないか、いったい何が精神分析に抵抗し、それに対する残留性ないし余白の場を開くのか、と。むろん、精神分析学一般などというものが存在しない以上、そしてわれわれがすでにフロイトの思考とデリダの思考とが深く結び合い互いに翻訳し合う領野の一部を確認したからには、問いはつぎのように限定されねばならない。精神分析と呼ばれる学のうち、いったい何が(あるいは誰が)脱構築可能な言説そして理論的装置を差し出しているのか、と。

ジャック・ラカンがここに召喚されるのは、この意味=方向性においてである。デリダはラカンの『エクリ』(一九六六年)に纏められた理論的言説が「脱構築可能な、脱構築の流れの中にあると私の目に映ったあらゆるモティーフを最も力強く、最も強力に目覚ましく活用する」(3)ものであり、みずからにとって「最も近接性があると同時に最も脱構築可能な言説、当時の最も脱構築すべき言説」(4)であったと述べている。そう、脱構築がその照準を合わせるのはつねに、脱構築という出来事がそこで起きるに足る強度と構造をそなえた思考の体系に向けてであり、そのような体系には可視化されざる力の収斂点が内包されており、デリダが行なうのはいわばその収斂点において体系の内破を引き起こすことだと言える。ラカンの理論はまさにそのような強度と構造をそなえているのである。だが、そうだとすれば、ラカンの体系的精神分析理論におけるいったい何が「脱構築可能」であり「脱構築すべき」ものなのか。

ファロス中心主義――この名で呼ばれるフロイト-ラカンの精神分析理論における性的偏向ないしセクシュアリティ理解の歪みについては、すでに多くの言葉が費やされてきた。とりわけ一九七〇年代に集中的に現れたフェミニズム思想家たちによる徹底的な批判以後、この問題系について語るべきことはもはや残されていないかのようにすら見える。たとえばリュース・イリガライによる

「ファロス専制支配」[5]批判。彼女はフロイトの「去勢」概念の深く広範な影響に、すなわち「幼児期の性器的編成」[6]において人間はペニスと膣という実在的差異を認識せず、象徴化された記号としての「ファロス」の所有／非所有によってみずからの性を認識し、かつその後の成熟過程においてもこの記号が唯一の「原基準」となるため、女性がみずからのセクシュアリティを女性器に準拠させて形成することがないという通念の欠陥に、強く注意を促した。イリガライによればフロイト－ラカンにおいて「〈女性的なるもの〉はつねに、価値を独占する唯一の性である男という性の欠落、萎縮、裏面として記述」[7]されており、のみならず「〈女性的なるもの〉」は「男性のセクシュアリティの機能にとって不可欠の補完物」「起こり得る機能衰弱をもたらさずにファロス的自己－表象によって男性のセクシュアリティを保証するようなネガ」[8]の地位にまで貶められている。ここにあるのはあまりに典型的な、しかし歴史的－文化的に長く機能してきた階層秩序化する二項対立であり、イリガライが企てるのはまさしくこの図式の脱構築である。その際彼女がとる戦略は、男性主体に取って代わるような女性主体を定立することではもちろんない。そうではなく、支配的な「理論の機械装置を故障させ、あまりにも一義的な真理や意味を生産することへのその自負を宙吊りにする」[9]こと、そしてそのために「攪乱する過剰」として女性の「快楽」を肯定し前景化させることと――これがイリガライの戦略である。そのとき、「〈女性的なるもの〉」は、男性主体の否定や欠如や裏面ではなく、「男性／女性」という階層秩序化する二項対立の〈外〉、それも、つねに複数化し、「固有」性を持たない絶えざる運動と化す――

一人の女性にとって自己を（再）発見するということは、したがってただ、自己のいかなる快感も他者のために犠牲にしないことの、とりわけいかなる快感にも同一化しないことの、つまり、決して単純に一人ではないことの可能性のみを意味し得ることになるだろう。〔…〕女性はつねに複数のまま、だが散逸からは守られたままであるだろう。なぜなら、他者はすでに女性のうちにおり、それは女性にとって自体愛的に親しいものであるからだ。それは、女性が他者を自己固有化し、自己の所有に還元してしまうということではない。固有なるもの、所有とは、おそらく女性にとって、かなり無縁なものである。(10)

ところで、こうした「ファロス中心主義」の批判はきわめて正当であり、かつ今日の社会理論にとってもいまだなお有益な視座をそなえてさえいるとはいえ、その真の効果は、それが精神分析における記号論的装置、その「シニフィアン」の理論に接合されるとき、はじめて十全に現れる。そしてそれゆえにこそ、デリダはラカンの理論体系における「ファロス」の機能へ介入するのである。

ラカン理論におけるシニフィアンとは、ソシュール言語学におけるそれ——記号＝シーニュの形相的側面——とは異なり、欲望の構造の中で主体を無意識の領野に配置する「本性からして一つの不在のみの象徴である」ような「独自である単位」(11)のことであり、「シニフィアンの転位」は「諸主体をその行為、運命、拒絶、盲目、成功そして境遇のうちに——彼らの天賦の才や社会的に獲得したものがどのようであれ、性格あるいは性別を考慮することもなしに——限定する」[12]という効果を持つ。ラカンにおけるシニフィアンは主体に対して力学上の優位性をそなえ、ある種の仕方で組織化し支配するものですらあるのだ。デリダは書いている——「意味がそうでないのと同様に、主体はシニフィアンの主《あるじ》ないし作者ではない。支配し、発送ないし方向づけ、場、意味あるいは起源を与えるのは、主体ではないのだ。シニフィアンの主体〔sujet〕なるものがあるとすれば、それはシニフィアンの法則に隷属化＝臣下化〔assujetti〕されているがゆえになのである。主体の場所はシニフィアンへの訴えによって、その字面のトポロジーによって、その諸転位の規則によって割りふられている」[13]。

　そしてそのような効果をそなえた諸シニフィアンは、しかし互いに等価であるわけではない。不在を象徴し、したがって主体の欲望の対象であり、主体の欲望を惹き起こすところのものである諸シニフィアンは、その発生のときから、ただ一つの起源にして宛先であるシニフィアン、それを中心として諸シニフィアンが循環的連鎖を形づくる主《あるじ》たるシニフィアンを前提としている。ファロスこそがその名である。ラカンのシニフィアン理論において、ファロスというシニフィアンは、その成立なしには他のすべてのシニフィアンが生じない最も根源的なシニフィアンであり、人間が「象徴界」の秩序へ参入することを可能にする原初的シニフィアンである。ラカンはこのファロスのシニフィアンが成立する場面を、フロイトを受けて「原抑圧」と呼び、そこに排他的重要性を見ている——

かくして勃起性の器官は、それ自体としてではなく、イマージュとしてですらなく、欲望されたイマージュに欠如している部分として、享楽の場所を象徴化するようになる。だからこそこの器官は、先に示した享楽の意味作用の$\sqrt{-1}$に等しいものであり得るのであり、それはシニフィアンの欠如(-1)との関連におけるみずからの言表の係数によって、享楽を復元するのである。

〔…〕

想像界から象徴界への方程式の一方の側から他方の側へのファロスのイマージュたる$(-\varphi)$（小文字のフィー）の移行は、たとえそれが一つの欠如を埋めにやって来るのだとしても、いずれにせよその$(-\varphi)$を肯定化＝正号化する。そのすべての支えが(-1)に由来するにしても、その$(-\varphi)$はそこにおいて、享楽のシニフィアンたる、否定化＝負号化不可能な象徴的ファロス、すなわちΦ（大文字のフィー）となるのである。[14]

われわれはこの*Vorstellungsrepräsentanz*〔表象代理〕を、疎外に関するわれわれの原初的メカニズムの図式の中に位置づけることができます。それはこのシニフィアンの最初のカップリングの中にということですが、このカップリングがわれわれに理解することを可能にしてくれるのは、主体はまず、最初のシニフィアンとしての、一項的シニフィアン〔signifiant unaire〕としての〈他者〉の中に姿を現し、〈他者〉の領野の中に出現するということ、そしてこのシニフィアンは、もう一つのシニフィアンに対して主体を代理表象し、このもう一つのシニフィアンはと言えば、その効果として主体のアファニシス〔aphanisis：消失〕を持つということです。そこから生ずるのが、主体の分裂です――主体がどこかに意味として姿を現すとき、別のところで主体は *fading*〔消失〕として、消滅としてみずからを示すのです。したがって、こう言ってよければ、一項的シニフィアンとその消滅の原因たる二項的シニフィアン〔signifiant binaire〕としての主体とのあいだには、生と死という事態があることになります。*Vorstellungsrepräsentanz*、それは二項的シニフィアンのことなのです。

　このシニフィアンこそが、*Urverdrängung*〔原抑圧〕の中心点を構成することになります――すなわちそれは、フロイトがその理論において示しているように、無意識の中へ移行することによって、*Anziehung* の点、魅力＝誘惑の点となるものの中心点を構成することになるのですが、それは、あらゆる他の抑圧、*Unterdrückt*〔禁圧されたもの〕の場所、シニフィアンとして下位に移されたものの場所に類似するあらゆる他の移行がそこにおいて可能になるであろう、そんな地点なのです。[15]

　ここに省略的に、しかし厳密に定式化されているのは、想像的ファロスの欠如《$-\phi$》から最初の象徴的シニフィアン《Φ》への人間の欲望の整序化のプロセスとその効果である。人間はその幼児期において、身体の諸部分欲動が散逸したまま激しくランダムに作用し合う欲動のカオス状態を生きている。それは幼児がいまだ「母」との双数的関係の中で、「母」に欠けているもの＝《φ》である段階である。だが、その欲望の形態はすでにそこに働いている象徴界の圧力、「父－の－名」の介入によって変容を迫られる。幼児は《φ》でありたいという欲望を「父」のように《Φ》を持ちたいという欲望へと変換させねばならないのだ。この変換が成功しなければ、欲望はなく、したがって享楽もない。「原抑圧」とはこの変換、すなわち最初の、しかし決定的かつ不可欠なシニフィアンの成立の場面にほかならない。そしてラカンによれば、「原抑圧」とは主体の起源における「疎外」と同義である。すなわち、主体は《Φ》というシニフィアンの主体となることで象徴界の次元に「出現」するのだが、それはそれ以降みずからをシニフィアンの代理表象の連鎖の中にゆだねることを意味し、おのれ「自身」としてはそのつど«fading»することを運命づけられることを意味する。これがデリダの言う「シニフィアンの法則に隷属化＝臣下化〔assujetti〕されている」主体〔sujet〕のあり方である。

　ファロスという唯一無二のシニフィアンの成立、そしてそれが前提としている「去勢」という事態の認識、そしてそこから導き出される主体の配置と欲望のエコノミー……。デリダは、いっそう厳密かつ正確にこの理論の核心を描き出している――

　この意味において、真実たる－去勢は細片化の反対物、その解毒剤ですらある。そこでみずからの場所に欠けるものはみずからの場所を持つ〔ce qui y manque à sa place a sa place〕——固定した、中心的で、どんな代置をも免れる場所を。何ものかがその場所に欠けている〔manque〕、しかし欠如〔manque〕は決してそこに欠けることがないのだ。ファロスは、去勢のおかげで、われわれが先に語った超越的トポロジーの中ではつねにその場所にとどまる。ファロスはそこでは分割不可能であり、したがって破壊不可能である。それの代理をする＝その場を占める手紙と同様に。そしてだからこそ、分割不可能性としての手紙の物質性という利害のからんだ、決して証明されない前提は、この限定された経済、この固有なるものの循環に不可欠なのである。(16)

みずからの「消失」に由来する力によって諸シニフィアンの運動を組織化してその主体たちを「隷属」させ、結局はすべての「主体」たちを、唯一の欠如であるがゆえに何ものもそれに代わることのできないその欠けることなき場所を中心とする「固有なるものの循環」という「経済」のうちに包摂してしまう、そんな「超越的トポロジー」のうちに場所を持つファロス……。

ところで、この諸主体を隷属化＝臣下化するシニフィアンのそなえている力をいっそう明白に名指しているくだりが『エクリ』の中、まさに「ファロスの意味作用」と題された論文の中に読まれる。すなわちこうだ——

ファロスとは、ロゴスの役割と欲望の出現とがそこにおいて結合するこの刻印の特権的シニフィアンである。

このシニフィアンは、性的交接〔copulation〕によって現実界から掴み取ることのできるおよそ最も突出したものとして、同時に、それがそこにおいては繋辞〔copule〕（論理的な）に等しい以上、この語の文字どおりの（タイポグラフィ上の）意味におけるおよそ最も象徴的なるものとしても、選ばれたものである、と言うことができる。また、それが世代を貫通するかぎりにおいてその怒張したさまによって生の流れのイマージュであるとも言うことができる。

これらの物言いは、いまだつぎの事実を覆い隠すだけである——すなわち、それはシニフィアンの機能に引き上げられる（*aufgehoben*）や否や、覆い隠されたかたちでのみ、つまり、潜在性の記号そのものとしてのみその役割を演ずるのであり、シニフィアンとなり得るもののすべてはその衝撃を受けているのだ。

ファロスとは、ファロスがみずからの消滅によってその端緒を切る（秘儀を伝授する）この*Aufhebung*〔止揚〕そのもののシニフィアンなのである。(17)

読まれるとおり、ラカンはここで諸シニフィアンの主《あるじ》としてのファロスの「意味作用」を明確化している。このシニフィアンは「ロゴスの役割」と「欲望の出現」がそこにおいて「結合」するまさに「特権的シニフィアン」であり、諸シニフィアンの「すべて」は「その衝撃を受けて」いる。

対立物を綜合し全体性を出現させるその機能において、それはヘーゲル的意味における「Aufhebung〔止揚〕そのもののシニフィアン」なのである。そして、デリダがラカンの理論体系へ「脱構築」的介入をするのは、正確にこの地点、すなわちファロスのシニフィアンが弁証法的止揚の働きを担う場面においてである。だが、ファロスにその弁証法的働きの中断を命じ、その止揚の働きを機能不全に陥らせるとき、事態はいったいどうなるか。

全般化された翻訳——デリダによるラカンの理論体系の脱構築を最も集約的に、したがって最も経済的に告げるのが、この言語の運動である。翻訳という言語現象を人は一般的に複数の言語体系間での言説の意味ないしシニフィエ(記号内容)の伝達であると理解している。この理解を支えているのは、言葉にはそれが属する体系の差異を超えて不変のままで交換され伝達される意味内容があるという考えかたであるだろう。なるほど英語の《dog》はフランス語の《chien》であり、ドイツ語では《Hund》、イタリア語では《cane》と呼ばれるが、それらはみな等しく「〈イヌ〉」という概念を指すという考えは常識として人々のあいだに浸透しており、疑問視されることがない。さまざまな言語における概念が、その体系の差異を超えて無傷で交換され得るということ——この広く支持されているであろう考えは、しかし、一種の神学的参照項をそれと認識することなく前提としている。諸言語の概念ないし意味ないしシニフィエが本質的変形を被ることなく伝達されることを可能にするこの参照項を、デリダは「超越論的シニフィエ」と名づけ、それが「それ自身において、その本質において、いかなるシニフィアンにも送り届けず、諸記号の連鎖を超出しており、それ自身では、ある瞬間にはもはやシニフィアンとして機能することはないだろう[18]」と述べている——

そして実際、超越論的シニフィエというテーマが構成されたのは、絶対的に純粋な、透明かつ一義的な翻訳可能性の地平においてである。それが可能である限界内において、少なくとも可能だと見える限界内において、翻訳はシニフィエとシニフィアンのあいだに差異を設ける。だが、この差異が純粋なものでないとしたら、翻訳はなおのこと純粋ではなく、翻訳という概念に置き換えるに、変形という概念をもってしなければなるまい。〔…〕ある言語から別の言語へかけて、あるいはただ一つの同じ言語の内部においても、シニフィアンという道具——ないし「乗り物」——が手つかず〔vierge〕あるいは無傷〔inentamé〕のままにしておいてくれる、そんな純粋なシニフィエの数々のなんらかの「運搬」になどわれわれは関わることはなかろうし、事実、かつて一度も関わったことはないのである[19]。

ファロスというシニフィアンは、それが想像的ファロスの欠如《−φ》を絶対不変のシニフィエとして「原抑圧」を通して成立するがゆえに「特権的」であり、他のすべてのシニフィアンの起源の場所にあって、他のすべてのシニフィアンに「その衝撃」を与え、何ものもそれに代わることのできない欠けることなき欠如として「固有なるものの循環」を組織化する。それは「諸記号の連鎖を超出」しており、「それ自身では、ある瞬間にはもはやシニフィアンとして機能することはない」ままで「*Aufhebung*〔止揚〕そのもののシニフィアン」として、他のすべてのシニフィアンの連鎖を綜合してしまう、そんな「超越」性を有している。したがってそれが機能するとき、「透明かつ一義的な翻訳可能性の地平」が想定されることになる。換言するなら、諸言語の差異を超えて、それらのシニフィアンが不変のシニフィエを交換することが可能と見えるのは、ファロスというシニフィアンがその「止揚」の効果によって各言語体系における記号＝シーニュの統一性、そのシニフィエ／シニフィアンの一体性を保証するかぎりにおいてなのである。

だがしかし――すでに右の引用でデリダが問題化し始めているように――翻訳という言語現象は、はたしてそのような「シニフィエ」の「透明」で「一義的」な「運搬」に終始するものだろうか。この問題をめぐってフロイトは、きわめて示唆に富む考察を幾度となく行なっている。『日常生活の精神病理学にむけて』（一九〇一年）の冒頭に置かれた「固有名詞の度忘れ」[20]（これは「健忘の心理的機制について」〔一八九八年〕を整理しかつ補足的考察を付したものである）がその最も広く知られた一つである。

ある夏の休暇に、フロイトはダルマチアのラグサからヘルツェゴヴィナ〔Herzegowina〕へ馬車旅行をする。その車中での初対面の相客との会話中、イタリア旅行の話になり、フロイトはオルヴィエトの大聖堂にある「最後の審判」を描いた雄大な壁画に言及するが、その作者の名「シニョレッリ〔Signorelli〕」をどうしても思い出せず、「この名前の代わりに」「ボッティチェッリ〔Botticelli〕」と「ボルトラッフィオ〔Boltraffio〕」という「別の二人の画家の名前」が「しつこく浮かんで」くるが、フロイトにはそれが間違いであることはすぐに分かる。にもかかわらず、フロイトは「シニョレッリ」という名前を数日後にあるイタリア人から指摘を受けるまで思い出すことができない（その間フロイトは「執拗に繰り返し押し迫るように現れてくる」心理的苦痛に耐えることになる）。

　フロイトはこのみずからの経験に自己分析を加えている。それによれば、この度忘れはある想念の抑圧および抑圧された想念と当の画家との観念連合の結果であり、そこには複数の語彙が含むシニフィアンないし文字（だがこの差異は重大である）の照応と移動が関連している。フロイトは、この画家への失敗した言及の直前の話題を検証する。フロイトと相客は「ボスニアとヘルツェゴヴィナに住んでいるトルコ人の風習」について話していた。フロイトが現地の医師から聞いたところによれば、彼らは医師を全面的に信頼しかつ運命にはきわめて従順であり、治癒の見込みがないと知らされたときでも「先生〔Herr〕、仕方ないですね、救いようがあるなら、先生は救ってくださることくらい分かっております」と答えるという。ところで、フロイトはこのときトルコ人についての別のエピソードをも話そうとした。ある医師から聞いたところによれば、トルコ人たちは「性的な快楽を無上のものと」しており、死に対する従容さとは正反対の執着を見せ、事実一人の患者はつぎのように言ったという——「先生〔Herr〕、もうあれがだめなら、生きている甲斐はありませんや」。しかし、初対面の相客への礼儀上、フロイトはこのエピソードを「話すのを控えて」しまう。さらに他方、フロイトはこの二、三週間前、自分が苦労して診た患者が「不治の性的障害のせいで自ら命を絶った」という報せを「トラフォイ〔Trafoi〕」で受け取っていたが、この報せにまつわるすべての事柄は、この旅行中「意識的に想い出されることがなかった」とフロイトは告白する。
ここで起きている抑圧された想念とその抑圧との関連で生じた画家の名前の度忘れのメカニズムを、フロイトはつぎのように図式化している――

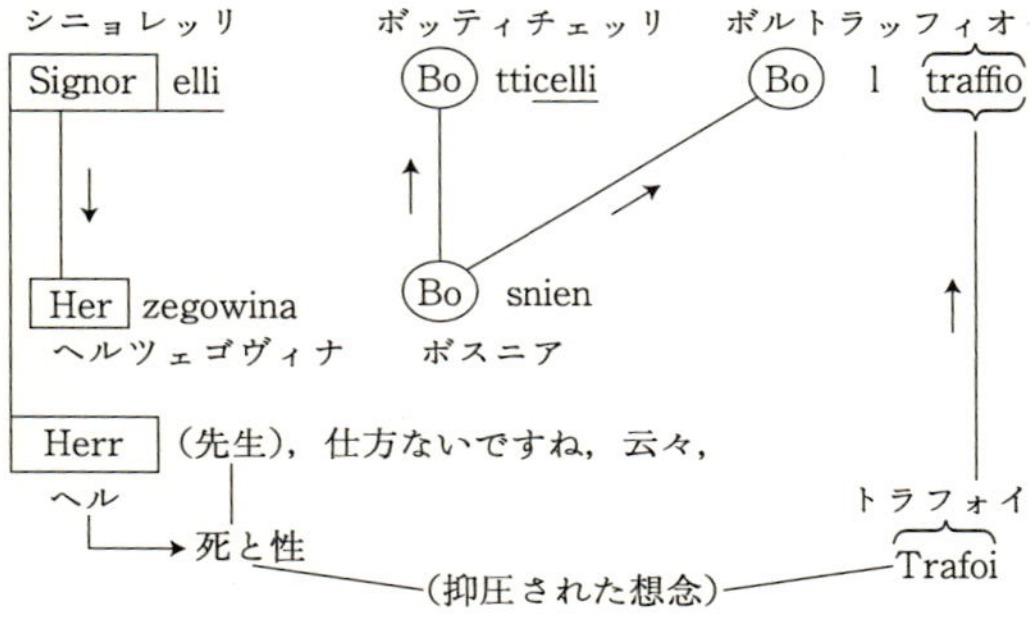

すでに明らかなように、フロイトは「シニョレッリ」を話題にする直前に想起していたトルコ人における性への執着、および性的障害を苦にして自殺した自分の患者の症例の二つが語る「死と性」の問題系を抑圧し、しかしその問題系そのものに関わる名詞ではなく、その代わりに、文字のうえで関連する「シニョレッリ」を抑圧=忘却したのである。フロイトは書いている――「私が忘れたかったのは、オルヴィエトの壁画を描いた巨匠の名前とは違う別の何かだった。だが、この何かは策を弄して巨匠の名前とのあいだに連想的な繋がりを付け、その甲斐あって私の意志の働きは目標を外してしまい、私は一方を意図的に忘れようとして、もう一方を意に反して忘れてしまったのである[21]」。

ここでわれわれが注目したいのは、しかし、度忘れの一般的メカニズムではない[22]。そうではなく、フロイト自身が指摘しているように、このケースにおいて第一に「まるでひとつの遷移、ずれが、意味や綴り字の音として境界に頓着することなく〔…〕生じている」ということ、ここでは「代替名」は「ひとつの文を変形してそこから判じ絵を作る」ときと同様に「字面」が鍵となっているということ（フロイトは厳密にこう書いている――「シニョレッリという名前が出てくる話題と、時間的にそれに先立つ抑圧された話題とのあいだには、どちらにも同じ綴り（というよりもむしろ字の連なり）が含まれるというだけで、それ以上の繋がりは〔…〕認められそうにはない[23]」）。第二に、これらの移動と観念連合が、イタリア語とドイツ語という少なくとも二つの言語のあいだで起きており、しかもそれは完全な単語を単位としてではなく、単語の一部＝語の破片を場として起きているということ。

したがって、ここにはすでに「絶対的に純粋な、透明かつ一義的な翻訳可能性の地平」を根本的に問題化する何かがある。「シニョレッリ〔Signorelli〕」という名が、一人の画家の存在を指示する「固有」名であるどころか、死と性というフロイトにとって（そして人間存在一般にとって）おそらく最も重大な問いを「シニフィエ」とする、特有の負荷のかかった「シニフィアン」と化しており、しかも《Signor》というその名の綴りの一部が《Herr》との相互的翻訳において、「先生＝主《あるじ》」という「シニフィエ」をも新たに浮かびあがらせるのであってみれば、《Signorelli》はもはやしかるべき統一体としての「記号＝シーニュ」ですらない。それは、「記号＝シーニュ」の統一体を離れて、そして固有名の「固有」性を解体しながら、しかし、フロイトという特異性＝単独性の「無意識」の刻印を帯びた「判じ絵」として読まれるべく差し出された何かであるのだ。

（ここで括弧を開いて簡潔に「翻訳」を続ければ、《Signorelli》にかけられた意味論的負荷および心的エネルギーの備給は、少なくともさらにつぎの三つの要素を含むだろう。ここで《Herr》と結びつくことで《Signor》をも「意味」する《Signorelli》は、フロイト自身が「先生」であった以上、幾分かはフロイトその人の署名でもある。そしてこの解釈はつぎの点において補強されるだろう。すなわち、《Signor-elli》と分綴されたからには、つぎにこの名が《Sig-nor-elli》に分解されることは自然であり、その場合《Sig》とは〈Signor(e)＝先生〉たるフロイトのファースト・ネーム＝《Sig-mund》の一部であるだろう。だが残った《-elli》は？　古代アラム語において《el(l)i》とは「神」、磔刑のイエスが言ったと伝えられる〈eli, eli, lema sabachthani?＝わが神、わが神よ、なぜ私を見捨てたのですか？〉に現れる「神」の呼び名である。その場合、解釈はいっそう複雑になるだろう。ユダヤ人フロイト――しかし彼は、ユダヤ教の形成は「起源」たるエジプトの「抑圧」の結果であると論じた『モーセと一神教』の著者でもある――における「神」の同一性はどのようなものか。しかしここは、もとよりそのような巨大な問いの場ではない）。

かくして、ラカン的「シニフィアン」の理論から、そしてそれに基礎づけられた翻訳概念から逸脱する言語の運動へと視線を移動させてきたわれわれにとって、デリダが散種〔dissémination〕と呼んだ現象をそれとして標定することは、さして困難ではないだろう。前提として確認しておくべきなのは、散種はラカン的「象徴界」には決して還元されず、その体系には回収されぬ散逸する言葉の非－連続的運動であるということだ。このことをデリダはつぎのように簡潔に言い切っている――「欠如は散種の中にはその場所を持たない[24]」、と。原初の欠如《$-\phi$》を唯一無二のシニフィエとして成立する根源的シニフィアンたる《Φ》を中心として構造化され、諸シニフィアンがそれを出発点かつ宛先とする循環的行程を辿るべく運命づけられた「象徴界」に対して、散種は欠如を起源として形成されるその体系を、その閉鎖性を打ち破る。それは端的に、言語という媒質を見る際に「体系」という概念に訴えることをしないのである。体系なるものが想定させる単一性と全体性の代わりに、散種は絶えざる移行と相互干渉、さらには始まりも終わりもないグラデーションとしての諸言語に場を持つ。そこに生起するのは、「シニフィアン／シニフィエ」の統一性が保証する意味の伝達ではない。そうではなく、固定したシニフィエには決して送り届けられることのないシニフィアン、どれがどれのシニフィアンとも区別できぬ複数化するシニフィアンたち、したがってもはやシニフィアンという名そのものが不適切であるような痕跡たちが描き出す、意味に還元されぬ言語的情動の数々……。だが、そのような経験の領野は、いったいどこにあるか。

　デリダの夥しい著作のうちから、ほとんどランダムに引用するにとどめよう。たとえば『絵画における真実』（一九七八年）――このタイトル《La vérité en peinture》は明らかに『絵に描いた真実＝うわべだけの、作り物の真実』とのダブル・ミーニングだが、そのことはこれまで留意されてこなかった――に収められた「＋R（おまけに）」（これはデリダと親交のあったヴァレリオ・アダミの作品展「デッサンの旅」――そこには「『弔鐘』によるデッサン習作」が含まれていた――に触発されて書かれたテクストである)の中には、こんなくだりが――

> 『弔鐘〔*Glas*〕』(私が自分自身を、それも忍耐強く引用することを人は要求するだろうが、私がここで語るのは *Ich*〔と自分が名づけた吊り下げられた魚が描かれたアダミの絵〕についてであり、私はそれをまるで誰か他人のように、そして誰もがそうするようにして開陳する)とは、洗礼する欲望の作用をありとあらゆる方向へ狩り出すものだ――それはちょうど *Ich* のように、出たり入ったりするが、水の中にも水の外にも決してとどまることはない。
>
> 〔…〕
>
> しかし *gl* とは？　彼の *gl*〔son *gl*〕とは？　*gl* という音〔le son *gl*〕とは？　角〔*angle*〕の *gl*、その *gl* なのか？　かろうじて発音し得るこの書字《エクリチュール》は、一つの形態素でもなければ、一つの語でもない、もし人が意味への一歩を踏み出すこと――何ものもそんなことは正当化していない――を自制するならば。*gl* は言説には帰属しておらず、空間にはなおのこと帰属しておらず、そして何もこのような帰属の過去あるいは未来を保証するものはない。宙吊りにされたものは、それでいてもはや何も意味せぬ音素ではなく、人が素朴に言葉に――自然あるいは動物のように――対置してしまう物音や叫び声ではない。〔…〕
>
> *gl* が空間的形態には還元されず(ほとんど不可能な一粒の泡へ向けての声門による読みの圧力が、それを一撃で(*ictus*)表面から剝ぎ取ってしまう)、表語文字《ロゴグラム》(それはなにかある語の古

い断片や、なにかある言説の抜－粋〔ex-trait：引き抜かれた－描線〕ですらない）にも還元されないのであってみれば、*Ich* は一撃で破裂させるのだ、まるで魚のように、言語活動をもタブローをも。(25)

大著『弔鐘〔*Glas*〕』（一九七四年）のタイトル冒頭の二文字であるとはいえ、それ自体としては形態素でも語でもなく、したがっていかなる意味作用にも奉仕せず、それでいてある強い欲望を充塡され、それを繋留点ないし飛び地として、«*Ich*»＝「私」に言語活動を引き裂き、破壊すべく促す、そんな痕跡。散種という言語の運動の鮮やかな一例がここにある。ちなみにこの«*gl*»についてデリダは『弔鐘』の中で、マラルメの『英語の単語』からつぎのくだりを引用している――「G〔…〕にはそれなりの重要性があり、それはまず第一に、精神が向かう地点への素朴なあこがれ＝息吹を意味する――最初の文字としてはつねに硬いこの口蓋子音の後に、母音が続くにせよ子音が続くにせよ。加うるに、Lによっていわば満たされる欲望は、この流音とともに悦びや光などを表現するということ。そしてずれゆき〔*glissement*〕の観念から、人はまた植物の伸長ないしその他のあらゆる様態による発育の観念へと移行するということ。最後にRをともなうと、Lとともに欲望された対象の把持のごときものが、あるいはそれを押し潰し、破砕する欲求が生じることになろう」(26)。ここでデリダはなにも、マラルメにおけるクラチュロス幻想に加担しているわけではないし、言葉のフェティッシュ化へと傾斜しているわけでもない。そうではなく、言語活動のうちには、記号＝シーニュでもなく、シニフィアンでもシニフィエでもない、それ自体としては決して意味を構成せず、しかし「主体」(時として複数の、あるいは数えられない、あるいは非人称の)の欲望と情動を孕んだ文字・痕跡、正確には〈gramme＝文字素〉の数々があり、それが「主体」の制御を超えてあるいは制御に抗ってすら、作用する場面があるということ――散種が告げるのはこの事実である。

だが、事がそのようであるとしたら、なにかある作品ないしテクストないしエクリチュールの最終的同一性の保証であると考えられている固有名はいったいどうなるのか。デリダ的散種の場面においては「シニフィアン／シニフィエ」の一体性が、「シーニュ」の統一性が、そして「ファロス」という主《あるじ》のシニフィアンの特権性とそれが支える言語の体系性そのものが根底から問題化される以上、固有名もまたその「固有」なることという言語体系における例外性を問われざるを得ない。『散種』(一九七二年)から『弔鐘』(一九七四年)を一つの頂点として、その後も『シニェポンジュ』(一九八八年(一九七六／七七年初出))や『郵便葉書――ソクラテスからフロイト、そしてその彼方へ』(一九八〇年)において実践されたのは、固有名の固有性を剝奪すること、固有名詞の普通名詞化ないし両者の相互的翻訳、そしてそのことを通して逆説的に名を「壮麗化」することである。

『弔鐘』の右欄で主として論じられるジャン・ジュネの姓――Genet は «genêt» と書かれるとき、植物の「エニシダ」を意味する。またアクサン・シルコンフレックス(^)を取り除いた «genet» は、スペイン原産の小型馬を指す。そしてジュネの小説世界にとって、「花」の主題系列は排他的重要性を帯びており、「馬」の主題系列もまたそれが現れるとき作家特有の情動を強く伝えてくる。エニシダも小型馬もそれが書かれるとき、ジュネの「自署」の価値を有すると思われるのだ。デリダはつぎのように書いている――

> 文学的言説――私ははっきり言説〔discours〕と言う――に賭けられている大きな事柄。おのれの固有名詞を、屑＝判じ絵〔*rebus*〕を、物に、物の名に変形すること。辛抱強く、狡知を働かせ、ほとんど動物的ないし植物的に変形していくこと、疲れを知らない記念碑的な変形作業、それは笑えるほど下らなくもあるが、というよりも、おのれを笑い飛ばしているのである。物とは、ここでは、歌が、すなわち名のなかで怒張した呼称の熱が、そこで凍結する鏡《グラス》＝氷のことになろう。
>
> 〔…〕
>
> 「壮麗化する」命名行為とは、どんなことか？　ある固有名詞に、普通名詞の形式を与えることか？　あるいは、その逆か？　どちらの場合も、命名に変わりはない。だが、どちらの場合も、それはおのれの物にすることなのか、相手の固有性を剝奪することなのか、再度おのれの物にすることなのか？　何を？[27]

弔鐘《グラ》は、われわれが聞くことになるだろう弔鐘《グラ》は、意味作用の、意味の、そして能記〔signifiant〕の終焉を告げる。これらのものの外で、われわれは署名に注目する、それらに対立させるためではなく、ましてそれらに同意するためでもなく。署名は、彼の名を通して、おのれをこのように呼ぶものにもかかわらず、もはや意味しない。

もはや意味しないことで、署名

はもはや、意味作用の、所記〔signifié〕あるいは能記〔signifiant〕の領域に属さず、そこに由来しない。ゆえに——弔鐘《グラ》の一撃が発すること、それは、例えば花が、それが署名するかぎり、もはや何も意味しないということである。

墓、残余／落ちる、残る〔Tombe, reste.〕[28]。

ここに至って、デリダ的精神分析の最大の賭札の一つが指し示される。署名——それはもはや何も意味しない。それは、主体と呼ばれる存在の同一性を証し立てる記号ではない。そうではなくそれはむしろ、その変形可能性、それも人間存在にとっての絶対的他性たる動物や植物の名への変形可能性において、したがって人間存在の人間性、その固有性を剥奪させるにまかせ、人間存在をその他性たる動物に、植物に、さらには鉱物にさえ接近させ混じり合わせるにまかせるかぎりにおいて、署名は「意味」からかぎりなく遠ざかった、しかしその主体ならぬ書く手を「壮麗化」する無二の言語行為なのだ。主《あるじ》のシニフィアンから遠く、ファロスの権能から遠く、「おのれを差し引き、脱ファロス化し、おのれを切断し落ちるにまかせる」ことで現れる「花のこのような――脱身体化した――光輝く現象」としての「栄光」を身にまとうこと。[29]それゆえに、署名は、固有の名を記すことは、生きた主体よりもはるかにその墓〔tombe〕に近く、その残余〔reste〕に近い。デリダのエクリチュールが開くこの領域をこそ、われわれはみずからの行程としなければならない。

第Ⅱ部　秘密について

第一章　告白という経験――フーコーからデリダへ

《ここに一つの秘密がある、*sero te amavi*〔あまりに遅く私はあなたを愛した〕は一つの秘密である、と私があなたがたに言うとき、あなたがたは一つの秘密があることを知るにちがいない。あなたがたには秘密がいったい何であるかは分からない、だがここに一つの秘密があり、それは読解不可能なるものを読むことなのだ。》

――ジャック・デリダ／聖アウグスティヌス『告白』(1)

《告白するのは、つねに私のうちなる他者である。》

――同右(2)

いつ、どこで、われわれは秘密をそれとしてみずからのうちに保持するようになったか。これはいっけん問いの態をなしていない一文であるかのようにも見える。われわれは誰もが他人に知られたくない秘密を内面に持ち、あるいはその秘密をあるとき誰かに打ち明け、そのことによって秘密が自己の真実＝真理の審級に属することを確認する。秘密――それは人間精神の本質的トポスであり、人間であるならば誰もが等しくそなえている心的領域なのだ……。しかし、本当にそうか。秘密は人間精神にとって普遍的にそなわっているトポス、人間存在の真実＝真理のトポスなのか。否、そうではなく、それは歴史上のある明確な一時期に制度的実践をとおして主体に組み込まれた構造であり、近代的主体の形成と完全に同義なのである。

このことを異論の余地なく明確に示したのはミシェル・フーコーである。『セクシュアリティの歴史』第一巻『知への意志』（一九七六年）において鋭利に記述され、それに続くコレージュ・ド・フランス講義『安全・領土・人口』（一九七七―七八年度〔二〇〇四年刊〕）、『生者たちの統治』（一九七九―八〇年度〔二〇一二年刊〕）、そしてルーヴァン・カトリック大学での集中講義『悪をなし真実を言う』（一九八一年〔二〇一二年刊〕）において厖大な歴史資料をとおして詳細かつ厳密に分析されたのは、秘密という心的領域および真実＝真理という経験領域の形成が、「告白」という制度の確立と分かちがたいという事実である。「少なくとも中世以来、西洋の諸社会は、告白というものを、そこから真理の産出が期待されている主要な儀式の数々の中に位置づけていた[3]」とフーコーは言う

―

いずれにせよ、試煉の儀式の数々の傍らで、伝統の権威によって与えられる保証の数々の傍らで、証言の数々の傍らで、いやそればかりでなく、観察と立証の学問的方法の数々の傍らで、告白は、西洋においては、真理を産み出すための最も高く評価される技術のうちの一つとなっていた。それ以来、われわれは、特別に告白を好む一社会となったのである。告白はその効果

を遥か遠くまで広めることになった。司法において、医学において、教育において、家族関係において、愛の関係において、最も日常的次元から最も荘厳な儀式に至るまでである。〔…〕人は、他の誰にも不可能な告白を、快楽と苦しみの中で、自分自身に向かってし、それを書物の数々にする。人は告白する――というか、告白するように強いられているのだ。(4)

フーコーがここで問題にしているのは、とりわけ一三世紀初頭からキリスト教会が強力かつ広範に推し進めた「告白」の制度化である。「一二一五年のラテラーノ公会議による悔悛の秘蹟の規則化、それに続く告解の技術の発展」、さらには「法律的機能」における「自分自身の行為と思考の認知」としての「告白」＝「自白」の価値の前景化に至るまで、この時期、「告白」は宗教的次元においても世俗的次元においても「中心的な役割(5)」を付与されることになったのである。「告白」は西洋文明史において長大な歴史を持ち、その淵源から現代にいたる変遷は、それ自体が「告白」という制度の力の拡大と精密化のプロセスであった。

フーコーが分析を集中させるのは、遅くとも紀元二世紀ないし三世紀に導入され、古典ギリシア世界からの明白な分離を引き起こしたキリスト教会の「司牧的権力」をめぐってである。「司牧は、歴史上絶対的に独自のあるプロセスとともに始ま」り、かつ「権力として行使された司牧的権力の類型、組織、また機能の様態はおそらく、私たちが依然として乗り越えていない何ものか(6)」である、とフーコーは言う。それは「キリスト教的司牧」が、ヘブライ的・東方的司牧とは異なる、比較にならないほど「濃密・複雑・緊密な制度的ネットワークをもたらし」、「政治とも教育法とも修辞とも一致しない」「統治する術」、すなわち「人間たちを操導し、指導し、引き連れ、導き、手を取り、操作する大いなる術」[7]をもたらしたという意味においてである。「司牧」を「ギリシアの行政官からも、牧人、牧者、良き牧者というヘブライのテーマからも区別する」[8]特徴とは、「救済・法・真理」との関連における「まったく特有な様態において実行される」「個人化」[9]である。この「個人化」は、つぎの三つの角度からなされる。第一に、身分に関わるのではなく「各瞬間に、功徳と罪過のバランス・働き・流通を定義づける」「分析的同定」によって、第二に、位階的場所の表示・標定によるのではなく「隷従の一大ネットワーク」によって、第三に、宗教的教義における真理との関係によるのではなく「内面の、秘密の、隠された真理の生産」によって。「それゆえに」とフーコーは言う——「司牧の歴史に関わっているのは、西洋における人間の個人化手続きの歴史全体です。さらに言えば、これこそが主体の歴史なのです」[10]、と。

そして、この巨大な「統治」の技術としての「司牧的権力」における「個人化」の働きの核心部に位置するのが、「告白」という制度にほかならない。「告白」は、それが「人間統治と真理の体制」に深く関わるがゆえに、排他的重要性を帯びるのである。宗教的教義の内容に対する「信徳」や「信仰告白」によって規定されるものではない「別の真理の体制」について、フーコーはつぎのように述べている——

> 個人は、自分自身の奥底に、自分から逃れるような秘密を発見する義務があり、この密かな個人的な真理を、効果を持つ業によって、それも認識の効果や解放の効果をはるかに凌駕する特有の業によって明らかにするという義務があります。言いかえるならば、キリスト教には真理の体制の一総体があって、これは信徳としての真理の業というよりは、告白〔aveu〕の業としての真理の業の回りに組織されているのです。信仰の体制と告白の体制はまったく異なっています。〔…〕告白の場合には、真理の内容に与することはまったく問題になりません。そうではなく個人の秘密を探索すること、それも際限なく探索することが問題になります。少なくともここで私たちの関心を惹いている視点から見たキリスト教は、たえずこの二つの真理の体制、すなわち信仰の体制と告白の体制のこの異様な緊張関係に貫かれてきたのです[11]。

「だからキリスト教は、本質的かつ根本的には、告解の宗教です」とフーコーは要約する。だが、一宗教が「告白＝告解」の宗教であるとは、いかなることを意味するか。それは、「信仰の体制と告白の体制」という「二つの真理の体制」の「異様な緊張関係」があるとフーコーが指摘するように、宗教的教義における真理と並行して「ある種の自己の自己への関係」が「目的として定め[12]」られることである。すなわち、「真理」の問題が「私の観念の真理の問題」ではなく、「ある観念を持つ私自身の真理の問題」へと、「思考する私の真理の問題[13]」へと移行することをそれは意味する。ここから、キリスト教信者における唯一最大の義務が生ずることになる。それは、「告白」において自己の真理を打ち立てること、それも絶えず、恒常的にそうすることによって、みずからが自己の真理の主体となることである。フーコーは述べている――「古代の指導者」が目的としていたのは「主体が恒常的に行為の裁判〔＝法廷陳述〕〔juridiction〕をなさしめること」であったのに対し、キリスト教の指導者は「他者の意志に対する従順さの関係を打ち立てること」、そしてその従順さの条件として「真理陳述〔véridiction〕とでも呼びうるものを打ち立てること」を目的としていた――「すなわち、自分自身について、自分自身に関して恒常的に真なることを語ることであり、これが告白という形式を取ったのです。主体の自律化を目的とする行為の裁判〔＝法廷陳述〕――これが古代の指導の目的でした。それに対して、自分自身についての真理陳述を道具として他者に従順になること――これこそが、私の思うに、〔キリスト教の〕指導方式なのです[14]」。

「無限に深めなくてはならないという法則」「外化の法則」「秘密への屈性や傾向性の法則」そして最後に「真理の生産の法則」――「真理陳述」の諸法則をこのように列挙した後で、フーコーは司牧的権力における「告白」の目的と効果を再度要約してつぎのように語る。「告白」が目指すのは――「自分の内に自分が知り得なかった何かを出現させること、自分について自分を深めるというこの営みによってはじめて認識されるようになったことを出現させることなのです。問題なのはまさに、一つの真理を生産すること、知られざるものであった一つの真理を生産することなのです。ところが、ここにはパラドックスがあります。この私自身のアレテュルジー[15]、私がそれである真理を生産する必要性、このようなアレテュルジーの必要性は、ご記憶でしょうが、自己自身を放棄することと根本的に結びついているのです。〔…〕そしてこのような真理の生産と自己放棄のあいだの絆こそは、キリスト教的主体性の図式と呼び得ようものであると私には思われ、さらに正確に言えば、キリスト教的主体化の図式であり、キリスト教において歴史的に形成され発展した主体化の手続きなのです[16]」。

こうしたすべて、すなわち、司牧的権力の導入による人々の「個人化」、それら諸「個人」の教会への隷属、「告白」を通した内面の「秘密」の発見と探索の義務、自己の真理の発見そして真理の生産者としての自己の「主体化」――こうしたすべてが、ただちに近代‐現代における精神分析という真理の体制への最も深い批判の根拠にして結論たり得ていることは言うまでもない。事実、「ルーヴァン講義」の中にはたとえばつぎのようなくだりが幾度も読まれる――

たえざる告白という原理は、むろんのこと、従順のあの一般的原理と直に結びついています。果てしない従順、形式的な従順、従順身分に人を導くべき従順。*humilitas*〔謙遜〕、*patientia*〔忍耐〕、*subditio*〔服従〕――、これらはすべて必然的に言語化を含意します。そして私の思うに、ここには西洋文化の歴史における何か根本的なものがあるのです[17]。

自己自身の真理陳述――自己について真実を言うこと――が、他者への権力関係に隷属するための欠くべからざる条件となる。その結果、他者が聞き役に回り、服従する者が話をすることになる。この転倒のうちには、われわれの文化を貫通しわれわれの文化を通して反響している歴史的エコーのすべてが見て取れるでしょう。(18)

そして『知への意志』において、すでにこんな一節が――

ところで、キリスト教の悔悛から今日に至るまで、性は告白の特権的な題材であった。それは、人が隠すもの、と言われている。ところが、もしそれが反対に、まったく特別な仕方で人が告白するものであるとしたら？　それを隠さねばならぬという義務が、ひょっとして、それを告白しなければならぬという義務のもう一つの様相だとしたなら？〔…〕もし性が、われわれの社会においては、今やすでに幾世紀にもわたって、告白の完璧な支配体制のもとに置かれているものであるとしたなら？　すでに述べた性の言説化と、性的異形性の分散と強化とは、おそらく同じ一つの装置の二つの部品なのである。〔…〕ギリシアにおいて、真理と性とが結ばれていたのは、教育という形で、貴重な知を身体《からだ》から身体《からだ》へと伝承することによってであった。われわれにとっては、真理と性とが結ばれているのは、告白においてであり、個人の秘密の義務的かつ徹底的な表現によってである。しかし今度は、真理の方が、性とそのさまざまな発現とを支える役を果たしている。(19)

ここでフーコーが照準を合わせているのが精神分析、それもとりわけフロイトより後の、単純化されてゆき、安易な社会的‐文化的装置と化した精神分析および臨床心理学であることは見やすい。『知への意志』「第三章　性の科学」はその結論部分において、精神分析が「長い伝統をもつ広大なこの性の告白の強奪を、どのようにして、科学的諸形態のなかに成立させるに至ったのか[20]」をあらためて整理している。フーコーによればそれはつぎの五つの手続きによって行なわれる。第一に「「語らせること」の臨床医学的コード化によって」――ここでは「告白を検証と結びつけ、自己の物語を読解し得る表徴《シーニュ》ならびに徴候の展開と結びつける[21]」という精神分析の基本的技術が確認されている。第二に「一般的で、しかも拡散した一つの因果関係を、公準として立てることによって」――ここで批判的に定式化されているのは「性行動における最も目につかぬ出来事が〔…〕その人間の生きている間中、極めて多様な結果を招来し得る」という精神分析固有の「想定」であり、「完全かつ詳細を極めた不断の告白という社会的手続きを、科学的な形の実践において機能させる」という精神分析における「科学」の名のもとでの「告白」の再自己固有化である[22]。第三に「性現象に内在する潜在性という原理によって」――ここで問題化されているのは、一九世紀が「告白の対象をずらした」ことである。すなわち「告白はもはやたんに主体が隠そうと思っていること」を対象とするのではなく、「彼〔主体＝患者〕自身にも隠されており、少しずつ、しかも問う者と問われる者がそれぞれの側から参加する告白の作業によってしか光のもとに立ち現れては来ないようなもの[23]」を対象とするようになったのである。ここで「問う者と問われる者がそれぞれの側から参加する告白の作業」と言われているのは、むろん精神分析の実践における最も重要な条件たる「転移関係」の中で行なわれる語りと聴取のことである。第四に「解釈という方法によって」――フーコーがここで留意しているのは、精神分析における「真理」の本質規定である。「真理は、語る者においては確かに現前してはいるが不完全であり、〔…〕それが完成されるのは、ただそれを受け取る者においてのみである。この後者こそ、この不可解な真理の真理を語る者なのだ。つまり、告白によって啓示されたものを、語られた事柄の解読によって裏打ちしてやる必要があるのである。聴く側は、単に赦しの権限を握る師、断罪し、あるいは無罪とする裁き手ではなくなる。彼は真理を握る主人となるだろう[24]」。精神分析における「真理」の位置づけ、その「主人」としての分析家というこの問題について、われわれはすぐに立ち戻ることにしよう。そして第五に「告白の諸効果を医学化することによって」――この「医学化」によって「性の領域が、〔…〕正常なものと病理学的なものの管理体制〔…〕のもとに置かれる」ことにフーコーは注意を喚起する。このとき初めて「人々は、性的なるものに固有の病態を定義する」と同時に、「告白」された「真実」は「然るべき時に、然るべき人に向かって〔…〕語られれば、病いを癒すもの[25]」となるのである。

かくしてフーコーの緻密な歴史的分析によって、西洋文明史における「告白」の淵源から現代にいたる長大な変遷が明らかになり、この「告白」という経験が人間存在にとっていささかも自然な経験でも自明な経験でもなく、完全に制度的に作り出されたもの、とりわけキリスト教会における司牧的権力によって人々の統治の技術として実践されたものであるということ、したがってその近現代版とも言うべき精神分析もまた、医学の進歩によって（あるいはフロイトの天才によって）一九世紀末に突然出現した知ではなく、むしろその本質において司牧的制度の一種であり、それに関与する主体たち（分析家／分析主体（患者））は特有の権力関係を免れてはいないということ――こうした事実をわれわれは考慮せずに済ますことはできないだろう。われわれは（その自覚あるいは否認のいかんにかかわらず）、二、三世紀に始まり一三世紀に加速化し一九世紀に「近代化」され、そして現代へと続く「告白する主体」[26]の系譜のうえにいるのだ。

ところで、こうしたすべてに対してデリダはいったいどのような評価をし、あるいは批判的介入をしているだろうか。フーコーとデリダのあいだには一度だけ、しかしきわめて激しい論争があった。フーコーの『古典主義時代における狂気の歴史』（一九六一年）のごく一部、デカルトの『省察』における狂気への言及のフーコーによる解釈をめぐって、デリダが「コギトと狂気の歴史」（一九六三年初出／『エクリチュールと差異』所収（一九六七年））を発表し、かつての「師」を徹底的に批判したのに対し、フーコーの側からも手厳しい反論「デリダへの返答」（一九七一年初出／後に「私の身体、この紙片、この火」として『狂気の歴史』新版の巻末に収録（一九七二年））が書かれた。だが、この論争はフーコーの最初の大著をめぐって行なわれたものであり、当然ながら、『知への意志』に始まり、その後のコレージュ・ド・フランス講義へと展開されるフーコーの「セクシュアリティの歴史」研究は視野に入っていない。そしてこの論争を最初で最後の機会として、両者の接点は少なくとも明示的にはついに失われたままとなった。

しかし、第Ⅰ部ですでに見たように、デリダもまた、最初のフロイト論「フロイトとエクリチュールの舞台」(一九六六年初出／『エクリチュールと差異』所収)以来、精神分析への関心を強く持ち続け、『弔鐘』(一九七四年)における極限的にパフォーマティヴな精神分析的エクリチュール実践を経て、さらにそのすべてのパートが精神分析を主題とする『郵便葉書――ソクラテスからフロイト、そしてその彼方へ』(一九八〇年)をも刊行したのであってみれば、フーコーの歴史的‐制度論的分析とデリダの思考が交叉する地点がないはずがない。

真っ先に指摘し得るのは、キリスト教の歴史における「告白」が「自分自身に関して恒常的に真なることを語る」ものであるということ、すなわち一貫して問題なのは「真理陳述」であり、そのことは精神分析においても変わらず分析家＝聴き手は「真理を握る主人」である、とフーコーが述べている点である。そしてまさに、この真理の体制としての精神分析的場面こそは、デリダがいくつもの角度から批判を加えている問題系なのである。

その全体がジャック・ラカン「『盗まれた手紙』についてのセミネール」(一九五五年口頭発表／一九五七年初出／『エクリ』所収(一九六六年))の読解に充てられた長大な論考「真実の配達人」(一九七五年初出／『郵便葉書』所収)の中で、デリダはラカンの体系的理論における「真実＝真理」に付与された価値、その哲学的系譜に闡明を加えている。ラカンの精神分析理論がフロイトの理論をとりわけソシュール言語学およびある種の数学を援用しつつ読み替え、体系的に組みあげられる諸概念装置を作り出した点に特徴を持つことは周知のとおりだが、ここでデリダが焦点化するのはその「去勢」概念とそれに準拠する「シニフィアン」概念である。ラカンにおけるシニフィアンが、ソシュール言語学のそれそのものではなく、人間存在の欲望を整序化し主体を無意識の領野に配置する機能をそなえた記号論的要素であり、かつ、その機能が「ファロス」という起源にして宛先である特権的シニフィアンのもとに中心化されていることについては、すでに詳述した。だが、「去勢」概念を前提とするこの「ファロス」は真理の体制においていかなる位置を占め、いかなる働きと意味作用を担っているのか。デリダはまず、ラカンがポーの作品のうちに見出すシニフィアンの比喩としての手紙が、固有の場と循環的行程をそなえていることを指摘する――

おそらく、手紙の場と意味は主体たちが自由にできるものではないだろう。おそらく、それらの主体〔sujets〕はシニフィアンの運動に隷属させられている〔assujettis〕だろう。だが、手紙は固有の場を持たないとラカンが言うとき、今後はつぎのように理解しなければなるまい。すなわち、経験的で素朴なトポロジーにおける客観的で決定可能な場は持たない、と。彼が手紙は固有の意味を持たないと言うとき、今後はつぎのように理解しなければなるまい。すなわち、手紙書簡の中に書かれたことの汲み尽くし得る内容としての意味は持たない、と。なぜなら、手紙たる‐シニフィアンは、われわれが相手にしている精神分析的‐超越的トポロジーと意味論の中では、シニフィアンの循環全体の、ならびにシニフィアンの論理全体の条件、起源および宛先を形づくる固有の場と意味とを持つのだから。

まず固有の場。手紙は発送と宛先の場を持つ。それは一つの主体ではなく一つの孔、そこから出発して主体が構成される欠如である。この孔の輪郭は決定可能であり、それは迂回の全行程を磁気誘導しているのだが、この行程は孔から孔へ、孔から行程自身へと導く。したがってそれは一つの循環的な形を持つものである。問題になっているのはまさしく、孔へむけての迂回の回帰を組織する規則正しい循環なのだ。これは、真正の契約を完遂する超越論的な再自己固有化〔réappropriation〕と再適合化〔réadéquation〕である。行程が固有でありかつ循環的であるということ、それこそはラカンが文字どおりに言っていることである。(27)

どれほど散逸的で多元的に見えようとも、またどれほど複雑に絡まり合い、分離され、遠く迂回を経ようとも、ラカンの体系が前提とする諸シニフィアンの運動は、「一つの孔」という固有の発送と宛先の場を持ち、その「孔」から発して「孔」へと回帰する「規則正しい循環」的行程を辿る。したがって、それらシニフィアンに「隷属」させられている主体たちもまた、そのつど固有の場と意味を持つ。シニフィアン－手紙－主体たちは、「超越論的な再自己固有化と再適合化」という目的論によって完全に整序化されているのである。

だが、この「超越論的な再自己固有化」、そしてとりわけ「再適合化」の働きこそは、ラカンの理論をその革新性の外見に反して、西洋形而上学の限界内にとどめるものなのである。デリダは書いている――

　この固有の場とは、〔…〕去勢の場である。すなわち、ペニスの欠如のヴェールを剝がれた場としてのファロスという、つまりは去勢という真実としての女性である。盗まれた手紙の真実とは真実なるものであり、その意味とは意味なるものであり、その法とは法なるもの、すなわち、ロゴスにおける真実＝真理のそれ自身との契約である。この契約という（しがたって適合性〔adéquation〕という）価値のもとで、ヴェールで覆い／ヴェールを剝ぐという価値は、「セミネール」全体を真理についてのハイデガーの言説に一致させている。ヴェールで覆い／ヴェールを剝ぐことは、ここでは一つの孔の、一つの非‐存在者のそれ、すなわち、非‐存在者としての存在の真理である。真理とは、ヴェールで覆われ／ヴェールを剝がされた去勢としての「女性」なのである。ここでこそシニフィアンの出発（シニフィエへの非適合性）が端緒を切られるのであり、ここここそがシニフィアンの場、手紙＝文字である。だがここでこそ、再自己固有化の、回帰の、再適合化のプロセス、約束もまた始まるのである。(28)

　フーコーによって明らかにされた司牧的権力から現代の精神分析にいたるまでの「告白」の場面において、自己の「真理を語る」ことが、「真理陳述」こそがつねに求められ、かつ、この「真理」を保証するのはその語りを「受け取る者」、「語られた事柄」を「解読」し「啓示されたもの」を

「裏打ち」する「真理を握る主人」である、と言われていたことを思い出そう。ラカンのシニフィアン理論においてそのような「主人」たり得るのは、ただファロスのみ、すなわち去勢という真実の認識から発して「原抑圧」を経て成立し、すべてのシニフィアンの連鎖が、人間の言語活動のすべてがそこから可能となる原初的シニフィアンとしてのファロスのみである。主体の欲望の対象でありかつ主体の欲望を隠喩的連鎖によって表現する諸シニフィアンは、ラカンにしたがえば、最終的に「主《あるじ》のシニフィアン」=「真理のシニフィアン」たるファロスを宛先とし、そのもとへと過つことなく送り届けられる。デリダが「ロゴスにおける真実=真理のそれ自身との契約」と呼んでいるのは、このシニフィアンの全運動のことにほかならず、また「適合性」そして／あるいは「ヴェールを剝ぐこと」という概念を援用して指し示しているのは、このシニフィアンの全構造における「真理」の体制にほかならない。ここでデリダはおそらくあえて二つの真理概念、すなわち「適合性〔adaequatio〕」と「ヴェールを剝ぐこと=隠れなさ=アレーテイア〔alētheia〕」を連続させて持ち出しているが、それは、アリストテレス以来の認識と事象の一致としての真理概念たる「適合性」は「存在者」の真理について用いられ、他方、ハイデガーが形而上学的真理概念を乗り越えるためにプラトンを再解釈して提示した「アレーテイア」は「存在」の真理について用いられるにもかかわらず、ラカン自身がこの二つを正確に区別していないからである。事実、「『盗まれた手紙』についてのセミネール」の中には、「マルティン・ハイデガーが ἀληθής〔アレーテース=隠れないもの〕という語においてわれわれに真理の働きを明かしてくれる[29]」というくだりが読まれ、そこでは「セミネール」が分析する手紙の隠蔽と発見の物語全体がこの概念に関連づけられている。いずれにせよ、デリダはラカンにおける「欠如＝去勢＝ファロス」によって打ち立てられる「真理」の体制の総体を、そこにおける真理概念の濫用をも含めて、問題化しているのである。だが、こうしてデリダもまた司牧的権力に淵源する精神分析における真理の体制を批判していることが確認できるとしても、この権力装置への抵抗はどのようにすれば可能なのか。〈精神‐を‐分析する〉というこの医学的‐臨床的知を脱構築し、真理の体制の抑圧から精神と呼ばれる領域を解放するためには、いったいどのような通路を開けばよいのか。

「秘密」という心的領域が新たに思考されるべきなのは、ここにおいてである。フーコーが言うように司牧的権力のもとで人は「自分自身の奥底に、自分から逃れるような秘密を発見する義務」を負い、自分の「秘密」を「際限なく探索」するよう促され、それどころか強制されさえするのだとすれば、われわれはそこで想定されているようなものとはまったく異なる「秘密」を、それもまったく別種の言説様態としての「秘密」を対置することに訴えるという戦略を取ることができるだろう。デリダは書いている、おそらく西洋文明史における「告白」の歴史的機能すべてを念頭に置きながら――

そこには密かなものがある。だが、われわれが示唆したばかりのことを考慮に入れるならば、秘密がそこにあること〔l'être-là du secret：秘密の現存在〕は、私的なものに属するのではなく、公的なものに属するのでもない。それは、ヴェールを剝がし、告白し、宣言しなければならないような私的な内面性ではない。つまり、人があれこれと釈明し、白日のもとに主題化することによって、それに責任を負わねばならないような、私的な内面性なのではない[30]。密かなものがある。だが、それはみずからを隠蔽しない。〔…〕隠されたもの、不可解なもの、夜のようなもの、不可視なもの、隠蔽し得るものに対して、さらには非‐明示的なものに対して異質である秘密は、ヴェールを剝がせるものではない。秘密は、人がそれを開示したと信じるときでさえも、侵し得ぬままにとどまる[31]。

ここにあるのは一つのパラドクシカルな心的領域、アポリア的な言説様態である。ここで「秘密」の名を与えられているのは、一般的に信じられているような「私的な内面性」ではない。「告白」したり、その「ヴェールを剝が」して見せたりしなければならないような、あるいはそうするよう強制されるような「一人の意識的な主体によって隠蔽されている表象としての秘密」や「無意識的表象のいくらかの内容[32]」のことではない。そのような「秘密」であれば、司牧的権力の諸形式が、たとえば告解室が、精神分析家が、警察が、そこへ介入し、それを操作し、臨検し、表出へと誘導することもできよう。だが、ここで名指されている「秘密」は、そうしたすべてに対して抵抗し得る「異質」性をそなえている。それは「隠蔽し得るもの」「非‐明示的なもの」に対してすらも「異質的」なのであり、したがってプラトン‐ハイデガー的な「ヴェールで覆うこと／ヴェールを剝ぐこと」という隠蔽と開示の二項対立を、そのような真理概念を超え出る何かであるのだ。

あり得べき誤解を未然に防ぐために付言しておけば、この「秘密」はわれわれの権利としての黙秘によって守られる事柄とも異なるし、また義務としての守秘によって防御される事柄とも異なる。デリダはこの点をも明確化している――「宗教にはできないのと同様に――このことを覚えておこう――、哲学にも道徳にも政治にもあるいは法にも、この秘密を無条件に尊重することはできない。〔…〕おそらくこれらの審級もときとして、条件的な秘密ならば認めるだろう（告解の秘密、職業上の秘密、軍事機密、製造上の秘密、国家機密）。しかし秘密への権利は、これらのケースすべてにおいて、条件づけられた権利である[33]」。その場合には、「秘密」はすでにその名に値せず、パラドクシカルでもアポリア的でもなく、条件的な「秘密」、すなわち操作すべき情報、つまりはたんなる「問題」と化す。

無条件的な秘密――そのようなものに対して人はどのような立場を取ることができるだろうか。何か「立場＝ポジション＝自己措定」といったものが、それを前にしてはたして可能なのか。そのような秘密があるとすれば、それはおそらく、プラトンが『ティマイオス』の中で指し示すあの「コーラ」のように密かなままであるだろう、とデリダは言う――

それでも秘密は、ちょうどコーラ〔la Khôra〕のように密かなまま、黙したまま、動じぬままにとどまるだろう。それはコーラのように、*Geschichte*〔歴史〕あるいは*res gestae*〔なされた事、功業〕の意味におけるのと同様に、知と歴史の語り〔*epistémē, historia rerum gestarum*〕の意味における、どんな歴史〔histoire〕に対しても異質なままにとどまるだろうし、どんな時代区分に対しても、どんな時代画定に対しても異質なままにとどまるだろう。(34)

プラトンの「コーラ」について、かつてデリダはつぎのように書いていた——「コーラ」は「存在者の諸性質をそなえてはいない——それはつまり、存在論的なるものの中に受け容れ可能な存在者の、すなわち、叡知的なあるいは感性的な存在者の諸性質をそなえていない、という意味である。〔…〕現実の指向対象を奪われて、確かに一固有名詞に似たものは、一つのXを呼び＝要請することにもなるが、このXが固有性として——フュシスとしてかつデュナミスとして、とテクストは言うだろう——そなえていることはと言えば、何一つ固有のものとしては持たず、不定形（*amorphon*）なままにとどまるということなのである。まさしく何ものでもない、このきわめて特異な非固有性——それこそが、こう言ってよければ、コーラが保持しなければならないものであり、それこそが、コーラのために保っておく必要があるもの、それのためにわれわれが保持しておく必要があるものである(35)」、と。存在者としては決して限定されず、限定されるべくみずからを差し出すこともなく、いかなる同定からも逃れ去り、それでいてあらゆる属性を受け容れ、どのような名によっても呼ばれるがままになり、あるいはみずからを進んで呼ばせる、そんな存在論的文法の攪乱の場たる「コーラ」……。

「秘密は黙している」——まるで「コーラ」のように、とデリダは言う。だがそれは、すでに確認したように、たんにそれが言葉を欠いている(黙秘・守秘)という意味ではない。けっして言葉を奪われているわけではない、けれども沈黙している何か。そのような姿勢ないし存在様態をデリダは「絶対的な非‐応答」と形容している——

秘密は言葉に対して異質であるのと同様に、言葉のうちにあるのでもない。秘密は言葉に応えない。それは「この私、秘密は」とは言わない。それは呼応〔correspond〕せず、応答〔répond〕しない。つまり、みずからを請け合うことをせず、誰にも応えない。それが誰であれ、何であれ、誰の前でも、何の前でも。これは絶対的な非‐応答である〔…〕。(36)

この一節は、責任＝応答可能性の問いをめぐって思考し続け、いくつもの著作を刊行してきたデリダにはいっけん相応しくないとも見える。だが、それは皮相な受け取り方である。デリダが「秘密」の「絶対的な非‐応答」を肯定するとき、そこにはわれわれの民主主義における「すべてを言う権利」を保証することが同時に絶対的に要請されているのだ——

このすべてを言ってよいという認可は、ある絶対的な非‐応答への権利を承認する——まさに応答することが問題となり得ないような地点、応答することができる〔pouvoir〕とか、応答すべきである〔devoir〕ということが問題になり得ない地点で。この非‐応答は、〈できる＝能力＝権力〉〔pouvoir〕や〈べきである＝義務〉〔devoir〕の諸様態よりも——実のところそれらに対して異質であるがゆえに——原初的であり、密かである。ここには民主主義の、ある誇張法的な〔hyperbolique〕条件がある〔…〕。(37)

民主主義の誇張法的な条件としての「秘密」——ここでデリダは、明確な一歩、これ以後後退不可能となる一歩を踏み出している。それは一方で、司牧的権力とその現代的ヴァリエーションとしての精神分析および臨床心理学の制度に対する踏み越えである。つまり、精神分析の制度および理論、とりわけラカン的精神分析の体系的理論における真理の体制が、すなわちファロスという唯一無二の主《あるじ》による制御＝支配が及ばない心的領域として「秘密」を位置づけること、そしてそのことによって、〈精神‐を‐分析する〉という医療的‐文化的制度から西洋形而上学の残滓を払拭し、精神を分析的能力に還元するのではなしに、反対に精神の能動的諸力によって分析的解釈の限界がおのずと露呈し、ついには瓦解してゆく、そんな場面を出来させることである。

そして他方においてそれは、われわれの政治制度における踏み出しでもある。つまり、たとえば日本国憲法の規定する「個人の尊重」(第一三条)以上のもの、さらには「思想及び良心の自由」(第一九条)以上のものとして「秘密」を取り扱い、その権利を絶対的に擁護するとき、われわれはかつてない自由の空間を、来たるべき民主主義の根拠を手にするだろう。なぜなら、一定の条件下において一定の権力が行使されれば「告白」され、露見し、そして操作され、整流化されかねない「内面」を超えて、自分自身にとっても「密かなもの」を、つまりは言葉に対して異質的であると同時に隠蔽されたものに対しても異質的であることによって形而上学的真理概念から溢れ出し、そしてまた他者の眼差しと耳にとっても「密かなもの」として余すところなく露出している、そんな「秘密」の次元を形成しそれを分有するとき、われわれは、人民＝デモスは、初めて真の平等(なき平等)の地平を獲得することができるからである。内面なき、近代的主観性の閉域なき、万人がそなえている万人のもとにそれとして現れ得る「秘密」……。

　こうしてわれわれはフーコーからデリダへ向けて「秘密」の文化的－社会的－政治的役割を辿ることで、今日の精神分析における真の賭札がいったい何であるかを探ってきた。「秘密」――それは個人の内面や主観性のうちに隠された何かではなく、「告白」されることで主体の真理の体制に奉仕する何かでもない。それは今や確かなことだ。しかし、それでもなお、われわれは「秘密」と呼ぶほかない何かを、心的領域のどこかに、否、もはや心的領域という定義自体が不適切であるような別の審級において保持し、あるいは伝達し、あるいは日々生産しているのではないか。われわれの主体と呼ばれる装置は、われわれの社会と呼ばれる領野は、そしてその歴史は、「秘密」(計量化不可能な、単数／複数の区別が無効なある散逸状態にある）をつねにすでに保持しかつ翻訳し続けることによって、みずからを形成しているのではないのか。

だがこの問いに応えるために、われわれはあるまったく別の音域へと、ただ「秘密」のみを分析－研究対象とした精神分析家の実践へと、耳と眼差しを移行させなければならない。

第二章　埋葬された「罪＝恥」の系譜学――クリプトをめぐって

《私は生ける死者を、手つかずのまま受け入れるふりをする、ただし私の中を除いては〔*sauf* (*fors*) *en moi*〕。》

――ジャック・デリダ「Fors」(1)

《クリプトの局所構造は、この非‐場からあるいはこの外なる‐場から他なる場へとむかう一本の破線をたどる。それも「快楽の死」が、沈黙のうちに、その特異な快楽をいまだに記している他なる場へと。無傷のままで／それを除いて〔sauf〕――。》

――同右(2)

「秘密」――それは、どこにあるのか。その場所がわれわれの「内面」にあるのではないことはすでに言った。だが、それならば、それはいったいどこにあるのか。主体と呼ばれる装置の「内部」にではなく、たんにその「無意識」と呼ばれる抑圧された領域のうちにでもなく、われわれの精神の内部にでも外部にでもない、ある決定不可能な場所に、われわれ自身の局所論的探求をつねに逃れ去る場所にそれは見出されるだろう――ただし、私の内的裁き〔for〕を逃れて、私の中を除いて〔fors〕、それでもなお私のうちのどこかに。

人間存在におけるこの「秘密」の特異性、その錯綜をきわめる局所論的構造に最初にかつ決定的な照明をあてたのは、ニコラ・アブラハム（一九一九―七五年）とマリア・トローク（一九二五―九八年）である。二人はともにハンガリー生まれのユダヤ人だが、前者は第二次世界大戦中に、後者は大戦直後にパリへ移住し、一定期間教育分析を受けた後、「パリ精神分析協会〔SPP : Société psychanalytique de Paris〕」の認定により精神分析家となり、一九五九年以後、共同研究を行なうことになる。出自・年齢から容易に推測されるように、二人はいずれもナチス・ドイツによる直接・間接の迫害を受け、強制収容所の経験こそないものの、特にアブラハムはその家族・親族のほとんどをナチによって虐殺されており、それゆえその精神分析理論の独自性はアウシュヴィッツを生き延びた者のそれであると言うこともできるだろう（その経験が理論構築にどのように痕跡をとどめているか――それがここでのわれわれの間接的主題でもある）。

ニコラ・アブラハムの初期の仕事はフッサール現象学と精神分析学との綜合を目指すものであり、その最初の大きな成果は一九五九年にスリジー・ラ・サルで開催された「発生と構造」をめぐるコロックでの発表であった(3)。その同じコロックに参加しみずからも発表(4)をした若き日のデリダとのあいだには、ただちに互いに影響を与え合う親密な関係が結ばれ、その厚い友情はアブラハムの早すぎる死（一九七五年）まで続くことになる（アブラハム＆トロークとの当時の関係についてデリダはつぎのように回顧している――「この二人の友人は、彼らならではのやり方で精神分析と現象学とのあいだに坑道を切り開いてくれたのです」)[5]。他方、マリア・トロークは教育心理学から出発した後、フロイトのセクシュアリティ理論におけるジェンダー・バイアス(という概念ができる以前のそれ)を批判する論文によって知られるようになった[6]。だが、この二人の名を決定的に高らしめたのは、フロイトの五大症例の一つ、「ある幼児期神経症の病歴より」(一九一八年初出)を読み直し、きわめて斬新な方法論によりまったく新たな解釈を加えた著書『狼男の言語標本』(一九七六年、アブラハムの死後出版)[7]である。複数の白い狼が樹のうえにいる患者の「不安夢」が分析の焦点であることから「狼男」と呼びならわされるようになったこの症例は、フロイトが「原光景」および「事後性」の概念形成をした点で理論上の排他的重要性をそなえている一方、その分析は多数の註や反論の想定とそれへの回答などによって幾重にも複層化されており、それどころか「本稿で記述されたような症例が、精神分析の成果や問題をことごとく討論に引き込む機縁となることは、自明である。ただし、その討論は正当化不能な無際限の作業となるだろう」[8]とすら書きつけられているように、フロイト自身にとってもいまだ解き得ぬ謎を秘めていると感じられていた。アブラハム&トロークは、まさにその謎へ、大胆かつ緻密な思考で切り込んだのである。そして、この実験的な著書にデリダが「Fors」(«for»は一義的には「裁き」だが、その複数形と同じ綴りの«fors»は「〜を除いて」を意味し、このタイトルはどちらとも決定不可能である)と題する「序文」を寄せているのだが、それは「本文」への導入でもその要約でも解説でもなく、これから見るそのごく一部からも確認できるように、「本文」と「同一なるもの」を模像《シミュラクル》的にあらかじめ反復し謎を倍加し深める、それ自体きわめて斬新なテクストである。

患者（ここでは「被分析者」や「分析主体」等の概念は用いない——明らかにラカン派的意味での「科学」としての精神分析学が無効になる諸場面を彼が生きているからだ）の名はセルゲイ・コンスタンティノヴィッチ・パンケイエフ〔Sergueï Constantinovich Pankejeff〕（本来のファースト・ネームは「セルギウス Sergius」だが、通称は右記のとおり）、革命以前の裕福なロシア貴族の息子として、一八八七年一月六日ウクライナに生まれる（この誕生日は旧暦＝ユリウス暦上では一二月二四日、すなわちクリスマス・イヴであり、この点はフロイトの分析においても大きく考慮されている）。両親は若くして結婚し幸福な生活を送っていたが、まず母親が「下腹部を病み」(9)、ついで父親が「不機嫌の発作」(10)を起こし入院したため（それが重度の鬱病であることを息子が理解するのはずっと後のことである）、幼いセルゲイは母親とは「関わりが少なかった」(11)し、父親ともまた精神的にも物理的にも距離があった。この母性・父性のいずれもが希薄な（といっけん思われる）環境を補完したのは、第一に二歳年上の姉アンナ（「活発で頭がよく、こらえ性がなく手を焼かせる」(12)）であり、ついで乳母ナーニャ——庶民階級の出身で「無教養な老女」ではあったが、彼女は「早死にした自分の息子の代理」(13)としてセルゲイに惜しみない愛情をそそいだ——、そしてイギリス人の「女家庭教師」ミス・オーヴンである。

すでに単純ではないこの家族の布置に訪れる最初の大きな悲劇は、姉アンナの自殺である。一九〇六年八月、彼女は叔母の住むコーカサスで水銀を飲んでみずから命を絶つ。セルゲイはこのとき一八歳、前年の一九〇五年にオデッサ大学法学部に入学し、ベルリンのサナトリウムで療養中だった母親およびアンナとは、この年三人でヨーロッパ各地を旅している。にもかかわらず、その後ロシアに戻ったセルゲイ自身の記憶によればこの報せが届いたとき、彼は「ほとんど苦痛らしきものを感じなかった」[14]という。だがそのことは、セルゲイにとって彼女が影の薄い存在であったことをまったく意味しない。そうではなく、この姉の属するある場面こそがセルゲイの「病」を決定づけており、かつ彼女の自殺そのものもまたその場面の一帰結であるというのが、アブラハム&トロークの分析である――われわれはその実際をすぐに見ることにしよう。

事実、フロイトに語った右の言葉とは逆に、別の記録によればセルゲイは姉の死をきっかけに重い抑鬱状態に陥り、当時すでに高名だったクレペリンのもとを訪れ、その勧めによりミュンヘンのサナトリウムで療養することになる。そしてそのサナトリウムで看護婦をしていたテレジアと出会い、求婚までするに至る。

ところがロシアに帰国後ほどなくして、一九〇八年、今度は父親が旅先で急死してしまう。死の詳細は不明だが、このとき父はまだ四九歳、恒常的な鬱病との関係が推測されるのは当然である。一九〇九年になるとセルゲイは自身の治療のためにドイツを再訪するも効果はあがらず、オデッサに戻って精神科医レオニード・ドロスネスの診察を受け、彼の紹介によりフロイトの治療を受けることになる。一九一〇年一月に開始された分析は、しかし、順調に進んだとは言えず、フロイトは（その理論的立場に反して）終了日を予告・設定して分析に区切りをつける。一九一四年六月二八日、オーストリア皇太子フェルディナントがサラエヴォで暗殺されたその日である。第一次世界大戦勃発と相前後してセルゲイはロシアへ帰国、かつての看護婦テレジアと結婚する(その後のセルゲイも、精神分析と縁が切れるどころか、一九一九年から翌年にかけて再びフロイトの分析を受けたほか、ルート・マック・ブルンスヴィック、ミュリエル・ガーディナー——二人はいずれも症例研究や詳細な伝記を書いている(15)——らとの精神分析を通じた濃密な関係にその生涯は支えられており、症例「狼男」であることこそがセルゲイの「アイデンティティ」であったとすら言えるほどである)。

ところで、「原光景」と「事後性」の概念形成がこの症例の理論上の価値であると言った。前提として、この点に限定してまずフロイトによるセルゲイの「不安夢」の解釈を概観しておかねばならない。セルゲイが語ったのは、つぎのような言葉であった——

「私は、夜になって自分のベッドで寝ているという夢を見ました(私のベッドは足のほうが窓に向かって置かれていました。窓の前には一列の古い胡桃の木がありました。私が夢を見たのは冬で、夜だったことは分かっています)。突然、窓がひとりでに開きました！　それで私は、窓の前にある大きな胡桃の木のうえに、数匹の(一対の)白い狼が座っているのを、恐れおののいて見ました。六匹か七匹の群れでした。狼は真っ白でした。それよりむしろ牧羊犬のようでした。というのも、狐のような大きな尻尾を持ち、耳は聞き耳を立てている犬のようにぴんと立っていたからです。明らかに狼たちに喰われるのではないかという不安のもとで、私は叫び声をあげ、目を覚ましたのです。〔…〕[16]」

「夢のなかでの唯一の動きは、窓が開いたことだけでした。狼たちは、じっと身じろぎもしないで、木の幹の左右の大枝に座ったまま、私のほうに目を凝らしていたからです。狼たちは、あらんかぎりの注意を私に向けていたといった感じでした。——思いますに、これが私の最初の不安夢だったようです。当時、私は三歳か四歳、せいぜい五歳といったところでした。このとき以来、私は、一〇歳か一一歳まで、夢で何かぞっとするようなものを見るのではないかという不安にいつも悩まされどおしでした[17]」。

フロイトはまず、この夢の構成要素を整理することから始める。第一に、セルゲイが幼年期のこの頃「ある童話の本に出てくる狼の絵」を「とてつもなく不安がって」おり、姉がこの絵を彼につきつけては彼が「パニックになって泣き出す」のをからかっていたというエピソード。そしてその絵の狼は「二本の後足でまっすぐに立って、一本を前にぐっと踏み出し、両の前足を前に伸ばして、耳をぴんと立てていた」という。第二に、「夢の狼どもはなぜ白なのだろうか」——この点に関してセルゲイが語る連想は、かつて父親が領地の近くで飼われていた白い羊の群れをときどき見せに連れて行ってくれたことである。第三に、「夢の狼どもはどうして木のうえへ登ったのであろうか」

――セルゲイの連想によれば、これは彼の祖父が語り聞かせた、「狼と仕立て屋」の話に結びついている。仕立て屋は、あるとき仕事部屋へ「飛び込んで」きた一頭の狼の尻尾を「引っこ抜」いて追い払うが、別の日に森へ入ると狼の群れがやってくる。怖れた仕立て屋は木のうえに登るが、狼たちは互いの背に乗って「ピラミッド」を作って仕立て屋に迫り、復讐しようとする。しかし、群れの中に以前追い払った「例の狼」を見つけた仕立て屋が「狼野郎の尻尾をひっつかんでやれ」と威嚇するや、群れは崩れ落ち仕立て屋は難を逃れる。「木に登った狼」のイメージはこの話の残響であろう。第四に、「夢のなかの狼はなぜ六頭ないし七頭なのだろうか」――セルゲイは、この問いに童話『狼と七ひきの子やぎ』の反映があると答える。童話の中で狼が食べた子やぎは「六匹」であり「七匹目は、時計の箱のなかに隠れるから」である。しかも「白という色もこの話には出てくる」[18]……。

　この整理の途中からすでにフロイトは「この物語」と「去勢コンプレックスとの結びつき」を指摘しており、そのうえであらためてつぎのように言う――「彼が病気になったもっとも強い動機は、父親に対する不安だったのであり、父親の代わりとなるあらゆるものに対する両価的《アンビヴァレント》な態度が、彼の生活ならびに治療中の振舞いを支配していたのである」[19]。だが、フロイトにとってこのような解釈はいわば児戯に属することであり、彼は当然この地点にとどまりはしない。フロイトはこれら夢の顕在内容以上に、セルゲイが「いつも強調していた」夢の「二つの契機」、実際には三つの「強い印象」に留意する。それは第一に「狼たちの完璧な静寂と不動性」、第二に「自分を眼差す狼たちの張りつめた注意力」、そして第三に「夢が最後に残す、長続きする現実感情[20]」である。そしてとりわけこの最後の点から、フロイトはこう明言する――

　夢解釈の経験からわれわれは、この現実感情にはある特定の意義があることを知っている。夢の潜在的素材の何かが想い出のなかで現実であることを申し立てており、したがって、夢は現実に生じ単に空想されただけではない事件と関連していることが、この感情によって保証されるのである。むろん現実と言っても、問題となるのは、何か知られざるものの現実性だけである。〔…〕

　そのような知られざる場面が、つまり、夢見たときにはすでに忘れられていた場面が夢の内容の背後に想定されるべきだとしたら、その場面はたいへん早くに生じたのでなければならなかった。[21]

「現実の事件――ずいぶん早期のもの――視ること――不動性――性問題――去勢――父――何かぞっとするもの」[22]――「不安夢」から得られる諸特徴をあらためてこのように整理した後、フロイトは驚くべき、しかし深い確信をこめてつぎのような最終的解釈を提示するにいたる。それは「原光景」の目撃である。すなわち、幼児期にそれと理解できぬまま両親の性交を目にしたことが、セルゲイの「不安夢」の「背後」に「想定」できる病因だとフロイトは言うのである。「分析治療の経過中に無数の変更と改訂を受けながら、繰り返し想起され」たあの狼の夢を検討した結果、目撃時のセルゲイの年齢は「およそ一歳半」であり、当時この子はマラリアを病み、毎日特定の時間に発作を繰り返していたことがまず明らかとなる。セルゲイは九歳からときどき、午後になると始まり五時に頂点に達する抑鬱気分に襲われ、その症状は分析治療を受けていた頃にも残存していたが、「五時」とはマラリアによる「熱が最高になる時刻であったか、それともちょうど性交を目撃した時刻」であろう、とフロイトは推定する。マラリアによる発熱は特に夏季に起こったということからも、クリスマス生まれのこの子の目撃時の年齢を「$n+1\frac{1}{2}$」歳とすることには根拠がある。フロイトは続ける――暑い夏の日、両親は半裸で＝「白い」下着だけで午睡のためにこの子と一緒に部屋にこもる。この子は「目を覚ましたとき、一度に三回繰り返された後背位性交〔*coitus a tergo*〕を目撃し、母の性器と父のペニスとを見ることができ」、出来事とその意味を「理解」した。そして最後にこの子は「排便し、泣き出すことによって」両親の性交を中断させたのである。[23]

　フロイトがただちに註を付しているように、「原光景」のこの「理解」は、正確には目撃時には不可能であり、それが可能となるのは「一歳半のときに彼が取り入れていた〔知覚的〕印象が、彼の成長・性的興奮・性的探究のおかげで、事後的に夢の時期[24]」になって再把握されるようになってからのことである。そして、右の解釈に対するあり得べき複数の「懸念」を解消すべく「精査」したうえで、フロイトはこう結論する――

以上述べたこの夢の材料の変化、すなわち原光景——狼物語——七匹の子やぎ物語——は、夢の形成過程における思考の発展、すなわち父親から与えられる性的満足への憧れ、それと去勢条件との連関性の認識、父親に対する不安の反映である。私はこのようにして、この四歳の男児の不安夢が今初めて完全に解明されたように思う。[25]

「ある幼児期神経症の病歴より」は、しかし、この結論の提示以後も、ここまでの記述よりもはるかに長いページを費やして「原光景の現実的意義」、「肛門愛と去勢コンプレックス」等々について微に入り細を穿った考察を続けている。それらを総合的に見るとき、いっけん冒険的に過ぎると映るフロイトのこの分析が、長い臨床経験ときわめて鋭い注意力と直観に裏づけられたものであり、強い説得力を有すると読者は誰もが感じるだろう。とりわけ「原光景」というそれが何であるかが認識されない知覚経験と、その知覚経験が遡及的な解釈の投入によって認識されるようになるという「事後性」の概念は、人間存在における時間構造の複雑性に新たな光を当てた点で、フロイトの最も大きな理論的功績の一つであると言ってよいだろう。

だが、われわれの目的はこの症例におけるフロイトの分析を「評価」することではなかった。それ自体驚くべきものと言えるこの分析がなお及ばないある「光景」、しかも、けっして隠されているわけではないにもかかわらず不可視の光景を、すなわち別の秘密をこの症例が語っているということ——それこそがアブラハム&トロークが明らかにしたことなのである。

「クリプト」――事は、局所論的構造のうちに定位し得ぬある〈非‐場〉に関わっている。そして、その〈非‐場〉の形成は「取り込み〔introjection〕」の障害ないし挫折とその代理機制としての「体内化〔incorporation〕」をとおして心的領域にもたらされる。混同されやすいこの二つの機制は、マリア・トロークによれば、その働きの「自我」に対する効果において峻別されるべきものである。最初にこの概念形成をしたサンドール・フェレンツィは「取り込み」を「外的世界の諸対象を〈自我〉のうちに封入することによって、そもそもは自己‐性愛的なものである諸関心を外的世界へ拡張することを可能にするメカニズム[26]」であると定義している。人間存在は、本来みずからの「愛」を厳密に言えば「自分自身に対してしか」むけることができない。そのようなナルシシックな心的機制が人間の本性である。「あらゆる対象愛は、正常な主体においても神経症患者においても、〈自我〉の拡張として、つまり、一つの取り込みとして抱懐される」のであり、「一つの対象を愛するかぎりにおいて、人間はそれをみずからの〈自我〉の一部として受け入れる[27]」のである。フェレンツィの言うところにしたがえば、「なにかある対象へのあらゆる転移のメカニズム、したがってあらゆる対象愛のメカニズムは、取り込みとして、〈自我〉の拡張として」抱懐されるべきものなのである。そこから彼はつぎのように示唆する――「神経症患者の転移への過剰な傾斜は、取り込みへの渇望としてのこのメカニズムの無意識的な増幅[28]」である、と。フェレンツィのこの定義の要点をトロークはつぎのように要約している――第一に、「自己‐性愛的諸関心の拡張」。第二に、「諸抑圧の解除による〈自我〉の拡張」。第三に、「対象の〈自我〉への封入、そしてそのことによる原初的な「自己－性愛を対象化する作用」(29)。

それに対して、「取り込みに誤って帰せしめられている大部分の特徴」は、「体内化が構成するファンタスムのメカニズムにこそあてはまる」のだ、とトロークは言う。「体内化」とは、対象喪失が禁止として働き「取り込みにとってある乗り越えがたい障害を構成する」とき、「喪われた快感と失敗した取り込みの代償」として人が「自己の内部に禁止された対象の設置を実現すること」であり、「これこそが、いわゆる体内化なのである」(30)。その際、この点が何よりも重要だが、「漸進的プロセス」である「取り込み」とは異なり「体内化」は「瞬間的で魔術的なその性質」を有する。「対象－快感の不在にあっても、体内化は快原理〔快感原則〕にしたがい、幻覚的現実化に近いプロセスを手段として作用する」のである。しかも、この「体内化」は独自の〔必然的な〕「非合法性」をそなえている。トロークはつぎのように書く――

〔…〕このことを忘れるまい、体内化はある禁止から生まれるのだが、体内化はその禁止を、真に侵犯することなしに回避するのである。それは結局のところ、みずからの使命をある理由から避けた対象を、魔術的かつ隠微な様態で回復することを目的としているのだ――すなわち欲望の取り込みを媒介するというみずからの使命を。これはすぐれて非合法的な行為である。というのも、現実の対象の審判を拒否するからには、体内化は、みずからが隠蔽している取り込みの欲望とまったく同様に、固有の〈自我〉のそれを含むあらゆる異質な眼差しを免れねばならないからである。それが生き延びるためには、秘密がぜひとも必要なのだ。[31]

このような「体内化」による「秘密」の形成の理解しやすい実例として、トロークは臨床的観察から認められる一つの「事実」を挙げている。肉親（たとえば親）の死に際して「性的リビドーの昂進」を体験する者がしばしばいる。彼らは「驚き」とともにそのことを「告白」するが、その「罪の感情」、すなわち「最もふさわしくない瞬間に、悲嘆に暮れ絶望に打ち沈むべき瞬間に、欲望に侵されてしまったという罪、リビドーの横溢に襲われてしまったという罪」の「取り返しのつかない感情」[32]は、ただちに強い葛藤を孕んだ「恥」として、したがって言い表すことのできぬ、口にできぬ「秘密」として無意識のうちに「埋葬」される。しかし、それはその「罪」＝「恥」＝「秘密」が消去されたことを意味しない。この「非合法的なる悦楽の瞬間の埋もれた思い出」[33]は、「喪の病」として保持され続ける――「それが依然として使命としているのは――たとえ無意識のうちにであれ――〈自我〉が妙なる屍体としてしか、それも〈自我〉のうちのどこかに横たわり、いつの日かそれを生き返らせる希望をいだいて〈自我〉がその痕跡を探し求めることをやめないであろう、そんな妙なる屍体としてしか形象化できないであろうものをまさしく保存することなのである[34]」。

「取り込み」の障害・挫折ないし破綻としての「体内化」は、こうして「秘密」の場＝「クリプト（地下墓所）」を形成する。この場ないし非‐場は、繰り返すが解消し得ぬパラドックスに貫かれている。右の実例のような「罪」＝「恥」に囚われたとき、人は喪失した対象を「取り込む」ことが不可能であるため、通常の喪のプロセスの中で対象を愛しながら徐々に心的エネルギーの備給を撤収しつつ静かに忘却してゆくこともできず、かといって、みずからが悲嘆に暮れていることを留保なく断言したり表現したりすることもできない。「残されているのはただ」――とアブラハム＆トロークは言う――「喪失すべきものは何もなかったふりをしつつ、喪失という事実に根源的な否認を対置することだけ[35]」という強い緊張と葛藤を孕んだ状況に人は置かれてしまうのである。「クリプト」のこの解消不可能な「矛盾」、原理的に解き得ないパラドックスに貫かれた構築の様相を、デリダはさらにつぎのように描く。そのあらゆる局所論的同定に対する挑発の力――

> あるクリプト〔crypte〕の内部へ貫入することを可能にする押し込みを考える前に〔…〕、知っておく必要があるのは、クリプトがそれ自体暴力の中で構築されるということだ。一つのあるいはいくつもの打撃によって、一つのあるいはいくつものだが、その刻印の数々がはじめは沈黙している、そんな打撃によって。『狼男の言語標本』の第一の仮説、それは前－言語的心的外傷、それも、その場面が、そのあらゆるリビドー的諸力とともに、それらの矛盾とともに「クリプト化＝封印〔encryptée〕」されてしまったということになるであろう心的外傷なのだが、この矛盾こそが、それら諸力の対立によって、まるで支柱や梁や横木や擁壁のように、地下埋葬室の内的抵抗を補強しているのである――言語を絶する、禁じられた享楽に支えられた耐えが

たい苦痛の力によって、ただたんに〈無意識〉ではなく〈自我〉である一つの場において[36]。

ところで、フロイトとともにその「不安夢」をわれわれが検討してきた「狼男」＝セルゲイ・パンケイエフの症例において、「秘密」はどのようなものか。彼がもし「クリプト」を保持しているとすれば？　いったいそこには、どのような「罪」＝「恥」が隠されているのだろうか？

セルゲイは、四歳（後に三歳半と限定・修正される）のときに姉アンナから性的誘惑行為を受けている。これはフロイトとの面接においてはっきり想起され、言語化されている事実である。セルゲイはまず、アンナがトイレの中で「お尻を見せ合おう」と言い出し「その言葉どおり二人ですぐそれをやったことがある[37]」という記憶を語る。その後、「誘惑のもっと本格的なもの」が詳細に想起される。ある春の日、父親が不在であり母親が隣の部屋で仕事をしていたとき、子供部屋で姉アンナは「彼のペニスをつかんで弄んだ」。しかもその際、アンナは乳母ナーニャについてセルゲイにはよく理解できないことを「解説してみせるかのように」こう言ったという――「ナーニャはこういうことを皆とするのよ。ナーニャは庭師を仰向けにして、それから彼のおちんちんを握るのよ[38]」、と。さらに、この姉による性的誘惑行為の「信憑性」は別のエピソードによっても確実となる。すなわち、セルゲイの一〇歳以上年上の従兄が語り聞かせた話によれば、アンナは「好奇心の強い官能的な少女」だったのであり、事実「まだ四、五歳の頃なのに」、その従兄の膝に乗せられると「彼のズボンを開いて、彼のペニスをつかもうとした[39]」のである。

フロイトはこの誘惑者・アンナにつぎのような解釈を加えている。幼児期においてこの姉はセルゲイにとって「両親から認められるためには厄介な競争者」であり、知力や才能の比較において（特にセルゲイが強迫神経症に陥ってからは）「低い評価に甘んじなければならない」[40]存在であった。しかし、セルゲイが一四歳になった頃から姉弟の関係は好転し始め、互いに似た精神的傾向や両親への共通した反発が二人を近づける。そして「思春期の激しい性的興奮時には、弟は親密な肉体的接近を姉に求めることさえあった」[41]。だが、アンナが「きっぱりと、しかも上手に」彼を拒否したため、彼はすぐに「その代わり」を求めるようになる。これ以後セルゲイの対象選択は、明らかに姉アンナの支配下に置かれる。たとえば、彼はまずその邸宅で働く女中に接近するが、この少女は「彼の姉と同じ名前」であった。その後も、彼が「強迫的に恋した娘たち」はいずれも彼より教養や知力において劣った使用人であり、これらの恋愛対象は「すべて彼を拒否した姉の代理人物」であったと仮定されるが、それはフロイトによれば「かつて彼を圧迫した姉を〔…〕引き下げ、彼女の知的優位性を否定しようとする傾向がその対象選択を決定した」[42]結果なのである。

セルゲイとその姉との関係のうちに、はっきりと性的誘惑行為があり、その影響が後のセルゲイの精神構造に決定的に作用していることがこうして確認される。だが、姉による性的誘惑という出来事の効果は、はたしてそれだけか。そもそも四歳の弟に対する二歳年上の姉による性的誘惑は、たんにアンナが「好奇心の強い」あるいは早熟な少女であったというだけで充分に説明され理解されるものなのだろうか。六歳の少女が、あるいは別の場面ではわずか四歳ないし五歳の少女が弟や従兄の「ペニスを弄ぶ」ことはそれ自体尋常ならざる行為なのではないのか。そこにはフロイトが想定していない別の誘因が隠れているのではないか。しかも、この姉は二〇歳の若さで自殺している。この自殺に、セルゲイの存在がまったく関与性を持たないとはたして言えるのだろうか。アブラハム&トロークが引き受けようとするのは、まさしくこのような問いの総体である。

みずからが練りあげた「秘密」＝「クリプト」概念を前提としてアブラハム&トロークが症例「狼男」に新たに接近する際に照準を合わせたのは、この症例を顕在的・潜在的に構成している複数の言語間における翻訳諸現象である。翻訳と便宜上言ったが、ここで問題になっているのは語の意味内容ないしシニフィエの一義的伝達ではない。そうではなく、むしろ語の字面・文字素・音韻などの圧縮や転位や置換をともなった多言語間での照応関係こそがここでは問題となるのである。アブラハム&トロークは、フロイトとのあいだでドイツ語で行なわれドイツ語で記述された分析の語りが、他の言語の影響を受けている可能性に思い至り、試みにセルゲイの母語であるロシア語を参照してみる。たとえばドイツ語の動詞「擦る」＝«*frottieren*»は、ロシア語では«*tieret*»(および«*natieret*»〔ここでは照応関係を分かりやすくするためにロシア語もローマ字表記とする〕)だが、この語は幼児期に性的誘惑行為の当事者どうしであったセルゲイと姉アンナにとって無色透明な語ではまったくない。それは強い性的欲動を備給され、かつ、ある光景を隠しつつそれと深く結ばれた語なのである。フロイトとの面接の中である時セルゲイは、子守娘グルーシャが床にかがんで拭き掃除をしているのを見て「小便を漏らしてしまった」エピソードを語る。フロイトの解釈にしたがえば、「膝を曲げてお尻を後ろに突き出し、背中を水平にかがめていた」グルーシャの姿勢を見たとき、セルゲイはあの「原光景」における母親の体位を連想し、性的興奮に巻き込まれた。そしてグルーシャに対して「自分の父親と同じような男らしい振舞い」(43)を示すべく、性交の代理として排尿した。したがって、《*tieret*》がカヴァーする語義系列である「磨く」「擦る」「ワックスで磨く」「つや出しする」は、この姉弟にとっては「(ペニスを)擦る」ことによって性的快楽を得る／与えることを意味する「秘密」の語であると見なす充分な根拠があるのだ(そしてそこから得られるあの「原光景」の再解釈については、この後すぐに見ることにしよう)。さらに事はそこにとどまらない。一九〇六年八月、アンナはコーカサスで服毒自殺するが、その毒物はすでに言ったように水銀である。ところで「水銀」はロシア語では《*rtout*》であり、「これは《*tieret*》の幾分こもった発音(たとえば声門母音をともなう《*tourout*》)の反転形態である」(44)。アブラハム&トロークは書いている――これは「あたかも彼女が、悲劇的結末をもたらしたこの錯乱的振る舞いによって、みずからの理想の対象の嫌悪された欲望の名誉回復を望んだかのようである――それも、他人にとっては汚物と化し、かつ、一つの毒物として客体化されたその語を食べることによって(つまりは、これは「食べるに適したものだ」と宣言することによって)」。《*tieret*》とはまさしく「四歳にも満たない年齢で生きられたトラウマ的出来事の数々を結晶化している」(45)、そんな語なのである。

しかしこれは、アブラハム&トロークの独自の辞書学(二人はそれが明らかにする症例「狼男」

における言語現象を「クリプト語法」と名づけている)による再解釈の始まりにすぎない。二人は、先にわれわれがその全体を確認しておいたあの「不安夢」の語りをまるごとこの辞書学の試練にかけるのである。その論証のプロセスのすべてを細部にわたって検証することはここではできないし、またここでの目的でもない(そのためには優に一冊の書物が必要だろう)。だが、その結果の一部を要約的に見ておくことは無駄ではない。アブラハム&トロークは、セルゲイの語りを、その言葉の形態や綴りや音韻を、彼の母語であるロシア語そして幼いセルゲイの家庭教師であったイギリス人女性(ミス・オーヴン)の言語＝英語をとおして、聴き直していくのである。

たとえば、「不安夢」の冒頭の一行＝「私は、夜になって自分のベッドに寝ているという夢を見ました〔*Ich habe geträumt, dass es Nacht ist, und ich in meinem Bett liege.*〕」をアブラハム&トロークはつぎのように聴き取る。まず「夢を見る」はロシア語では《*vidiet son*》である。《*vidiet*》には「《*witness*》＝「目撃者」が響いて」おり、しかも一文字違いの「《*vidietz*》はロシア語では「証人」を、英語の《*son*》は「息子」を意味する」。したがって、この相互に絡み合った「同音異義関係」を整理し、かつ「夜になって」という副詞のロシア語《*notchiou*》を英語の音として聴けば《*not you*》＝「あなたではない」となる。そこから「あえて」二人が「試みる」「仮説」的翻訳はつぎのとおりである——《*The witness is the son, not you.*》＝「証人は息子であり、あなたではない」(46)。

「馬鹿げている!」と著者たち自身も言う。だが、この辞書学による「クリプト語法」の聴き直しは、驚くべき整合性と一貫性のある物語を新たに構築し、フロイトの解釈が覆い隠してしまった別の真実を開いて見せるのである。ここでは部分的・省略的にせよ、二人の聴き取りをさらに辿ってみよう。「窓の前には、一列の古い胡桃の木がありました。〔*Vor dem Fenster befand sich eine Reihe alter Nussbäume.*〕」。「窓」に関しては、これに先立つくだりですでに解釈がなされている。アブラハム&トロークの「連想の長い連鎖の出発点」は、そもそも語「窓」＝ロシア語の《*okno*》であった。この語は、セルゲイの夢の文法の中では隣接した《*oko*》あるいは「その屈折形に対する語根」である《*otch*》＝「眼」であると理解しなければならない。そして《*oko*》－《*otch*》は関連複合語として一方で名詞《*otchevidietz*》＝「実見証人」を、他方で副詞《*otchevidno*》＝「明らかに」を持つ。さらに加うるに、そこから連想される「犯罪」・「大罪」はロシア語では、「胡桃の木」＝《*oriekh*》とほとんど同じ形をしている《*khriekh*》である。これらすべてを総合して右の一文を英語で聴き直せば――《*Before the witness there was a series of the old's* 《*khriekh*》》＝「証人の前には一連の年寄りの「大罪」があった」という翻訳が得られる。だがそれでは、この「年寄りの「大罪」」とはいったい何か？　アブラハム&トロークの辞書学的聴き取りが、事の核心部に迫るのはここである。「窓の前にある大きな胡桃の木のうえに数匹の白い狼が座っているのを、それで私は恐れおののいて見ました。〔*Dass auf dem grossen Nussbaum vor dem Fenster ein paar weisse Wölfe sitzen.*〕」――「白い狼が座っている」は《*white wolves sitting*》だが、ここでは英語－ロシア語間の類音語が問題となっている可能性が高い、と著者たちは言う。すなわち、《*wide goulfik*》＝幅広いズボンの前開き、「広く開いた前開き」である。「六匹か七匹の群れでした。〔*Es waren sechs oder sieben Stück.*〕」

——「六匹の群れ」＝「《*sisteron*》, *siestorka* は数字ではなく」、英語の《*sister*》、ドイツ語の《*Schwester*》をも巻き込んで「間違いなく「姉」を意味する」とアブラハム&トロークは言う。要するにこの文は《*There was the sister*》＝「それは姉だった(姉がいました)」を意味しているのである。「狼は真っ白でした。〔*Die Wölfe waren ganz weiss.*〕」この文もまた英語＋ロシア語に翻訳されればつぎのことを意味する——《*The* 《*goulfik*》 (*was opend*) *quite wide.*》＝「ズボンの前開きが広く開いていた」。そして最後の覚醒前の決定的な一文＝「明らかに狼たちに喰われるのではないかという不安のもとで、私は叫び声をあげ(目を覚ましたのです)。〔*Unter grosser Angst, offenbar, von den Wölfen aufgefressen zu werden, schrie ich auf.*〕」——「ここでは、英語を援用することはもはや、ほとんど役に立たないだろう」と二人は言う。ただし、《*schrie ich auf*》＝《*cry out*》＝「暴く」「すっぱ抜く」という逐語的対応が、「知っていると信じていることを暴くぞという女家庭教師による、不安を掻き立てる脅し」を暗示することを除いては、そして《*sidiat*》＝「彼らは食べるだろう」、かつ《*siedat*》＝「彼らは監獄で座っている」というロシア語のかすかな反響を除いては。したがって、この一文はつぎのようなことを意味しているだろう——《*Fearing* 《*otchevidiez*》, 《*goulfik*》, 《*siedat*》, *cry out...*》＝「実見証人〔otchevidiez〕によって掻き立てられた不安に、「ズボンの前開き」が投獄されるのではないか、そして侮辱されるのではないかという不安に圧迫されて(目覚めが不意に到来する)[47]」……。

こうしてアブラハム&トロークによる「クリプト語法」の解読は、驚くべきもう一つの物語、驚くべきもう一つの原光景へとわれわれを導く。父親が姉アンナとのあいだで性的行為を（おそらく繰り返し）行なっていたということ、そしてそれをセルゲイが目撃し、目撃した光景をイギリス人家庭教師に漏らしてしまったこと、そしておそらく家庭教師からの脅しに対する防御を含め出来事を家族の外へ知らしめないために、この出来事がそれ以後絶対に言うことを禁じられた家族の秘密、文字どおり口にできない地下墓所めいた場に隠蔽された秘密として、しかしそれゆえにこそ、その過剰な沈黙という様態においてセルゲイの心的領域のどこかに残存し続けることになったということ――これこそが、『狼男の言語標本』の著者たちが明らかにした事柄なのである。

おそらく、いや必ずや、この分析への懐疑や懸念、さらには冷笑混じりの否定的評価がさまざまな角度から告げられるだろう。ここにあるのはせいぜい一種の文学的想像力であり、いわゆる科学的エヴィデンスの欠片もないではないか、と。著者たちもそのことを自覚していないわけではない。しかし、にもかかわらず、ただこの「クリプト語法」の解読をとおしてのみ理解されるセルゲイとその家族の「秘密」の存在が、あらためて強く感受されることもまた事実である。セルゲイは姉アンナによる性的誘惑行為を受けた。だがその誘惑は、実のところ父親－姉のあいだですでに行なわれていた性的行為の反復であった。だとすれば、彼の「不安夢」は事後的に解釈を投入することでその意味が確定し理解されるような、いわば目的論的成熟によってその「不安」が解消されるようなものではなく、むしろ「父親－母親－子供」というあり得べき調和の完成をつねに先送りし、世代という構図そのものをつねに斜めに切り裂く人間存在の〈性〉の根源的不安を語り続けるべく運命づけられたものなのではないか。他方、アンナの死はどうか。父親に対してと同時に弟に対しても性的関係を持ち、その記憶を集約的に刻みつけた《tieret》というクリプト語を「食べる」ことで彼女は命を絶った。彼女の死は「自殺」と呼ばれる。だがこの場合の「自己」とは誰か。この場合、死んだのは誰か。はたして誰が誰を殺したのか。「水銀」がクリプト語の翻訳であるからには、この死の道具には複数の人物、少なくともアンナと父親とセルゲイの三人（そして父親の欲望の対象であったからには「下腹部を病んだ」母親も、その影がいかに薄かろうと——あるいは薄いがゆえにこそ——四人目として数え入れられねばならない）の欲望そしてその挫折が封じ込められている。だが、そのエコノミーをどのように計算するのであれ、ここで中心的役割を演じているのは、やはり父親である。「われわれの実例においては、弟と姉という二つの症例における欲望の実現がはっきりと問題となってはいる。しかしながら」とアブラハム&トロークは書いている——

これらの欲望の実現は主体自身の責めに帰すべきものではなく、体内化された対象、すなわち父親の責めに帰すべきものであり、二人はそれぞれ同じ嫌悪された語の助けを借りて、父親に自己同一化しているのである。〔…〕この二つの症例において、真の主体は父親であり、彼こそが嫌悪されたみずからの欲望への権利の回復要求をしているのだ。これはつぎのように言っても同じことである——この同一化を利用して、二人の子供は、一方はそのフェティシズムによって、他方はその錯乱した行為によって、自我の理想としての彼らの父親をあらゆる代価を払って復権させようと努めているのである、と。[48]

同じことを別の角度から言えば、「秘密」は一人では形成され得ないということだ。「秘密」がそれとして構造化され、その効果を及ぼすためには、複数の存在、少なくとも「体内化」された第三者が関与していなければならない。アンナは一人で死んだのではない。彼女はその「自己」のうちなる他者たちのために＝のゆえに、他者たちの代わりに、かつ他者たちを「証人」として立ち会わせて、死んだのである。デリダは書いている――

> 〈現実〉――それについて何も知ってはならず、人が話すのを聴いてもならない〈現実〉は、かくして秘密と本質的関係を持っていることになろう。「〈現実〉のメタ心理学的概念は、心的装置の中で、秘密が埋められている場へと送り返す」。それはしたがって、クリプトの状況設定にとって不可欠である。そして同時に、クリプト的体内化の構造的多数性にとっても――このクリプト的体内化は、つねに一人ならずを体内化しなければならず、一つならずの仕方でそれに対して振る舞わねばならないのだ。一人ならずを――クリプト保持者の秘密は、少なくとも一人の「第三者」によって分有されていなければならないのであり、これこそがあらゆる秘密の条件なのである。一つならずの仕方で――体内化された第三者は、抹殺されるべく保持され、死者と見なされるために生かされているのである。排除された第三者たちは抹殺されるが、そ

の資格において巻き込まれ、場面に包み込まれているのだ――「……ある不都合な享楽の場としての一人の共犯的第三者と……排除され、それゆえに――同じ享楽によって――抹殺される他の第三者たち」[49]。

「クリプト保持者」がその内部ならざる内部、あるいは〈非 - 場〉という場に、生きたまま埋葬し、死者として生かしておく複数の他者たち――その生ける死者そして／あるいは死せる生者たちの力によって、まるで「腹話術」――というのはアブラハム&トロークが使っている表現だ――のように語らされ、衝き動かされるということ。やはり、ここにあるのは悲劇、それも恥ずべき罪ある存在の欲望に支配され、その権利回復要求のために、われ知らず病みあるいは死んだ無垢なる者の悲劇である。否、「無垢なる」無意識などというものは定義上存在しないのであってみれば、これは、われわれの誰もが経験する可能性のある人間存在の残酷な宿命が、一つの極端な姿をとったケースにすぎないと言わねばならないだろう。

ところで、他者の「罪＝恥」に起因する「クリプト」という非 - 場の効果は、症例「狼男」にそくして見たように、その「クリプト」を形成した出来事の当事者たちのみに及ぶものなのだろうか。つまり、たとえそれが意識化されざるものであれ、それは出来事に直接関わった当事者たちだけに症状を惹き起こし、あるいは当事者たちだけの行動を支配するのだろうか。

この点に関しても、アブラハム&トロークはきわめて精緻な理論を構築している。「亡霊」理論がそれである。これは「クリプト」を保持する他者からその決して口にできぬ「秘密」を、言語化されぬまま、沈黙のうちに、しかし高い強度で別の誰かが受け取り、あたかもそれが自分自身のものであるかのようにしてその「秘密」をそれ以後生きることを強いられる、という事態を指す。他者の「秘密」が無意識のうちに文字どおり取り憑くのだ。アブラハム&トロークは書いている——

> たとえわずかでも、子供が「秘密をかかえた」親を持つなら、すなわち、その語りがその抑圧された非 - 語りを厳密に補完しないような親を持つなら、親は一つの欠落を無意識そのものにおいて子供に伝達することになろう。それは、ある知られざる知、ある非 - 識〔*nescience*〕、そう呼ばれる以前のある「抑圧」の対象である。
>
> ある親の埋葬された語りは、子供のもとで墓なき死者と化す。この未知なる亡霊はそのとき、無意識から発して立ち戻ってきて、恐怖症や狂気や強迫観念をもたらしながら、その取り憑きを発揮する。その効果は幾世代をも貫通して及び、一家系の運命を決定することもあり得るのである。[50]

このような世代をまたぐ「秘密」の取り憑きの実例をアブラハム&トロークはいくつも提示しているが、そのうちの最も印象的なものの一つをつぎに挙げる。

「ある肉屋が自分の長女を凌辱する。その後で、彼は窓のイスパニア錠のところで首を吊って自殺する。これが家族の恥――打ち明けることのできない秘密である。この出来事の後、母親は終わりなき喪とともに過ごし、兄妹たちは叔父に引き取られて育てられた。父親の名は口にすることはできない」[51]。その後、事件当時六歳だった妹の一人が成長して何人かの子供をもうける。ところが、あるとき一人の若い女性が分析を受けに訪れる。それは子供たちのうちの一人、すなわち、問題の肉屋の孫娘である。彼女は恐怖症－強迫神経症の顕著な症状を呈していた。

主な症状は、第一に「甲虫」に対するパニックにいたる恐怖。第二に、つねに言葉を強迫的に細片化すること、また逆向きに読むこと。第三に、「膝」そして「縊死」に関連する性愛的ファンタスムの数々。第四に、「肉屋〔boucher〕」を連想させる肉という名のついたものすべてを食べることの拒否――「彼女は、自分の祖父の話についてはまったく何ひとつ知りはしないし、おそらく彼女の母親もまた知らない」[52]にもかかわらず、そのような強迫症状が認められたのである。分析が進む過程で、患者は特徴的な夢をいくつか見る。ある夢――「動物園の温室の中で、アルセスト〔Alcestes〕と呼ばれる見事な植物を鑑賞するために、一階上まで昇らなければならない」。その分析――「少女が幻覚でそれを見たことがあるような近親相姦〔l'inceste：ランセスト〕（「自分自身の父親との」）を称賛するためには、一世代（＝一階分）遡らなければならない」[53]。もう一つの夢――「飢えた人々が一頭の馬をずたずたに切り分けてしまったその場所にあるヒエログリフによる記念碑」。その分析――「これこそは、真の屠殺場＝肉屋〔boucherie〕であった！」[54]。さらに別の夢は「奇妙な、名づけがたい情動をともなって」幾度も回帰してくるもので、私はどこかでなにかある罪を犯したらしいが、それは自分なのか、それとも別の誰かなのか、事はまるで時の闇の中に沈んでいるようでわからない、やはり罪は犯されたのであり、私は裁きを受けていた、私は誰かを切り刻み、それからそれを食べてしまった……[55]。

その後、少女は「甲虫」に対する恐怖症の病因が解明されるある夢を見る――少女は「自分の分析家が一匹の甲虫を切り刻んでいるのを見つめている」。彼女の母語ではその「甲虫」は《BOGAR》という名である。ついで「分析家は患者に一瞥を投げ」てから、「シャワーヘッドの鎖のようなもの」を引っ張る。彼女の母語では「事件にシャワーをかける」とは事件をもみ消すことを意味する。他方、《BOGAR》という語は、「繰り返しすばやく発音するだけで」反転した順序でそれがふたたび結びつくのを見ることができる。つまり《GABOR》という語が得られるわけだが、「これこそは自殺した祖父のファースト・ネーム[56]」だったのであり、「このときになってようやくその来歴は明らか」となり、同時に「患者のもとを訪れた一人の遠い親戚」が語ってくれたことで、他の多くの詳細もまた知ることができたのである。その「黙して語られることのなかった母方の家族の劇的な物語のすべて」のうち、とりわけ注目すべきなのは「患者の母親が遂げた自殺」である。それが母親の「隠されたオイディプス的対象の自殺を敷き写したものであったのは明らか」であった。すなわち、母親も、祖父とまったく同じように「膝をついて、窓のイスパニア錠で首を吊った[57]」のである。

「これらの謎の一貫性」が生じるのはただ、「ある世代から別の世代への〈無意識〉の数々の伝達という様態においてのみ」[58]、つまりは「亡霊」の効果においてのみである、とアブラハム＆トロークは言う。口にし得ぬこと、言ってはならぬこと、沈黙、要するに「クリプト」という非‐場への封入においてであるにせよ、「秘密」は「孫娘の無意識と同時に母親の無意識の中で強度をはらんで生きている」[59]のである。

こうして「亡霊」は、諸世代を貫いて憑依し、起源の出来事の当事者にとってのまったき他者のもとでその効果を現す。だが、そうだとすれば、より大きな社会集団における「亡霊」の作用とはどのようなものか。それが仮定できるとして、どのような出来事について、誰のもとに、いったい何を伝えるべくそれは現れるのか。この大きな問い、そして現在の歴史状況下できわめて重大なこの問いに充分に応える用意がわれわれにはまだない。だが、少なくとも指摘し、議論の方向性を定めておくべき問題系がいくつかある。

何よりもまず、国家および個人による戦争犯罪とその責任の問いがある。日本に関して言えば、とりわけ日中戦争から第二次世界大戦にかけてこの国が引き起こした、今日の国際法に照らせば「人道に反する罪」に該当するような巨大な戦争犯罪について、戦後第三・第四世代のわれわれがいかにしてその過去を引き受け、しかるべき責任を果たしていくかという問いを省察する際に、「亡霊」理論を考慮することはきわめて有益であるだろう。ドイツ、イタリアと三国同盟を結び、ドイツ・ナチズム、イタリア・ファシズムと多くの性質を共有する天皇制ファシズム国家であった日本は、しかし、敗戦時に昭和天皇・裕仁の死を目にすることはなかった。戦時下の政府の組織体系がどのように異なるにせよ、また軍部との力関係においていかなる脆弱性をかかえていたにせよ、ヒトラーやムッソリーニがそうであったのとまったく同様に、「国ノ元首ニシテ統治権ヲ総攬」(「大日本国憲法」第四条)し「陸海軍ヲ統帥」(同、第一一条)する戦争遂行の最高責任者であった裕仁は、極東軍事裁判において裁かれ、東條英機らと同時に処刑されてしかるべきであった。それが歴史の法廷における唯一の正義であったはずだ。

　にもかかわらず、ただ合衆国の占領政策のためのみに、天皇制そのものが(「象徴天皇制」と名を変えて)温存され、昭和天皇は何の罪に問われることもなく生き延びた。そして天皇が認めるべき罪と果たすべき責任、そして受けるべき処罰が曖昧に不問に付されたまま、すべてが「一億総懺悔」などというあってはならない心性の形成への、つまりは今日にいたるまで続く無責任の体系構築への心的エネルギーの政治的整流化へと帰結した。[60]

　だから、人口集団としての「戦後日本人」の無意識における「クリプト」が、すなわち埋葬された「罪＝恥」の感情がどのようなものであり、それが「亡霊」として戦後第二・第三・第四世代へとどのように伝達されていったかを分析することには二重の意味がある。

　一方に、「一億総懺悔」という集団的な「疚しい良心」から脱却し、「個人として尊重される」「国民」(「日本国憲法」第一三条)が、その「国民《ピープル》」という概念に自己画定する際に、過去に同じ

「国民＝帝国臣民」が犯しかつ「秘密」として埋葬した「罪＝恥」を白日のもとに晒すべく「徹底操作」(フロイト)をすること、そしてその集団的作業自体を新たな「国民」の核に据え、その概念を空疎なカテゴリーにしないことこそが、現在の日本(人)の地位を国際社会において真に信頼される確かなものにするだろう。しかし恥ずべきことに、戦後七一年を経てなお、日本(人)はいまだこの集団的作業を完全には成し終えていない。

他方で、現在の日本の政治状況はどうか。かつての大量殺戮(「重慶爆撃」、「南京大虐殺」等)、植民地支配(朝鮮半島、中国〔満州〕、台湾、南樺太、南洋群島、その他の東南アジア諸地域等)、性奴隷制度(「日本軍慰安婦」)――これらすべてについてその歴史的責任主体をついに明確化しないまま、現政権は今また新たな戦争遂行体制を構築しようとし、「日本国憲法」の変更を公然と宣言している。この戦争遂行体制の新たな構築が、現在の世界資本主義の強い要請のもとで企図されていることは言うまでもないとしても、その一方で、ここには現政権担当者たちのかかえるトラウマ、つまり、「クリプト保持者」としてのその思考が作用しているとみなすことも同時にできるように思われる。たとえば、アブラハムはつぎのように書いている――

実際、どの角度から患者の症例を眺めてみても、患者が取り憑かれているように見えるのは、自分自身の無意識にではなく、他者の無意識にである。父親のファミリー・ロマンスは、抑圧されたファンタスムであった。はじめはコントロールされており、ついで錯乱的なものとなった患者の関心事は、父親の心的機構が隠している墓に由来する亡霊的憑依の効果であるように思われる。患者の妄想はこの亡霊を血肉化し、父親の無意識の中に生きたまま埋葬された秘密が引き起こす言葉のざわめきを上演しているのである。(61)

もはやあらためるまでもないだろう。かつてＡ級戦犯被疑者として三年半拘留され、不起訴となるも、サンフランシスコ講和条約締結までのあいだ公職追放の境遇にあった男の孫が、現在この国の首相の地位にいる。この首相のこれまでの数々の歴史修正主義的言動や「戦後レジームからの脱却」というスローガン、あるいは「日本を、取り戻す」といった意味不明のキャッチ・フレーズ等々は、「亡霊」を「血肉化」しようとする「妄想」であり、この首相の度重なる妄言は「秘密」が引き起こす「言葉のざわめき」の「上演」にすぎないと見なせば、現在のこの国の政治の混迷もかろうじて理解可能となるかも知れない。

戦争によるトラウマから生じた「亡霊」の実例は、むろん他にも夥しく存在するだろう。アウシュヴィッツの名に象徴される各地の絶滅収容所で親や親族を殺されたヨーロッパのユダヤ人の子供とさらにその子孫たち――彼らにあっては喪失があまりに残酷かつ根源的であったため、トラウマ的記憶が健常な喪のプロセスを辿らず体内化され、彼らが「クリプト保持者」となっている可能性は充分すぎるほどである。あるいは逆に、たとえば第二次大戦中、ヴィシー政権に協力したフランス人の子孫たち――彼らが、かつての対独協力者としての不名誉な口にできない記憶を持つ親から言語化されざる「罪＝恥」を受け取り、無言のまま世代間で伝達したあげく、何かの契機に破局的な行動化を見せることもまた、強く推測されることであり、それは現実に起きていることだろう。同様の事態は、アルジェリア戦争においてもヴェトナム戦争においても必ずや生じているはずである……。

であってみれば、われわれはもはや真の敵を見誤ることはあるまい。われわれはただたんに戦争の悲惨な現実を、史実として客観性の外見のもとに記述すればよいのではない。それだけでは将来の戦争を抑止するには不充分である。そうではなく、われわれに必要なのは歴史の作業としての「亡霊」の厳密な分析であり、その作業をとおして諸世代の「秘密」を脱構築する以外のことではない。歴史の傷からその憑依する「亡霊」的な力を消し去ること——それこそが来たるべき歴史記述の形式と役割であるだろう。

第Ⅲ部

灰について

第一章　終わりなき喪、不可能なる喪——アウシュヴィッツ以後の精神

《あなたがもう思い出せないとしたら、それは火葬がしかるべき経過を辿っているから、そして燃え尽きがおのずと進んでいるからであり、灰そのものであるからだ。それは、あらゆる痕跡と同様に、自分自身で消滅し、人を道に迷わせると同時に一つの記憶にふたたび灯りをともす。灰は正確なものだ——なぜなら、痕跡なしに、まさしくそれは、他の痕跡以上にそして他の痕跡と同様に、痕跡を残すからである。》

——ジャック・デリダ『火ここになき灰』(1)

《その痕跡は〔…〕、刻印するためにみずからの刻印を除去することを、残留するために喪に服すことを運命づけられたものである。それはみずからの秘密を曝け出さねばならず、その秘密を失う危険を冒してそれを保持しなければならないのである。》

——ジャック・デリダ『シボレート——パウル・ツェランのために』(2)

喪——それは他者の死という出来事を前にして人間存在が取る精神の態度、それも、ありふれた日常の中で人が辿る穏やかな回復の時間のプロセスとなることもあれば、歴史の破局的場面の後に

それ自体一種の精神のカタストロフィーとして生きられる苦痛に満ちた際限なき傷の反復となることもある、そんな二つの極のあいだで無数のヴァリアントを見せる精神の作業である。他者の死という出来事自体、それが自己の存立にとっていかなる意味を持つか、人間存在の「自己」という領域ないし場にとってそれがいかなる効果・関係・意味を持つものなのかという問いに対して、万人に共有可能の決定的な解と言えるものは、哲学史上にありはしない。だが、それでも喪はある。喪と呼ばれる経験をわれわれはつねに生きているのであり、その経験なしに(それを意識するか否かは別として)、私は、われわれは、そして社会集団は、それとしてみずからを構成し得ないだろう。

この枢要にして謎に満ちた経験に、それにふさわしい思考の水準で向き合ったのが一方におけるフロイトであり、他方におけるハイデガーである。およそ交わることのないこの二つの思考は、それぞれいったい何を語っているか。

論文「喪とメランコリー」(一九一七年)においてフロイトは、対象喪失後の人間存在の精神が辿る「正常な情動」としての喪と「疾患」としてのメランコリーとを区別して分析している。喪は通常の場合、「愛する人物や、そうした人物の位置へと置き移された祖国、自由、理想などの抽象物を喪失したことに対する反応」[3]である。これらの「喪失」は一般に外的世界への現実的関心や新たな愛情の対象を選ぶ能力の低下といった「自我の制止と制限」[4]を惹き起こし、対象へ備給されていたリビドーはその方向性を失う。だが、その後「現実検討」が「愛する対象はもはや現存しないことを示」し、「今やこの対象との結びつきからすべてのリビドーを回収せよ」[5]と促す。その際、人間のリビドーは容易にその宛先を変更しないという性質を有するため、「当然の反逆」が起きる。しかし、最終的には「現実に対する尊重が勝利」し、喪った対象への離別は「時間と備給エネルギーとの多大な消費をともなって一つひとつ遂行」されるのだが、そのあいだも「喪われた対象の存在は心的に維持される(6)」ことになる。これが「正常」な喪のプロセスであり、その結果「自我は喪の作業が完了」した後には「ふたたび自由で制止を免れた状態に戻る(7)」のである。そして、この「正常」な帰結を可能にするのは、究極的には自我が「汝はこの〔喪失という〕運命を〔対象と〕共にすることを欲するか否かという問いに直面させられ」「生きていることから受け取るナルシス的な満足の総計を考慮に入れて、無に帰した対象へのみずからの拘束を解除するという結論(8)」を受け容れることによるのだ、とフロイトは言う。

他方、「疾患」としてのメランコリーはどのような点で喪と区別されるか。メランコリーは何よりもまず、「常軌を逸した自我感情の引き下げ、見事なまでの自我の貧困化(9)」によって特徴づけられる。喪とメランコリーを区別する唯一にして最大の相違点は「喪の場合には自尊感情の障碍が存在しない」ことである。この差異はどこから来るのか。フロイトによれば「メランコリーもまた愛する対象を喪失したことへの反応であり得ることは明らか(10)」である。だが、メランコリーの諸症例においては「より観念的な性質の喪失が問題となっていることが認められる(11)」。たとえば「自分が誰を喪ったのかということは知っていても、その人物における何を喪ったのかということは知らない」というケースがある。このことは「メランコリーは意識から取り去られた対象喪失と何らかの仕方で関連している[12]」ことを示唆しているが、しかし依然としてメランコリー患者の「制止は謎めいた印象を与え」「何が患者をかくも完全に消尽するのかが分からない[13]」とフロイトは言う。この点に関するフロイトの仮説はつぎのようなものだ。メランコリー患者の「自己批判」「自己蔑視」「自己告訴」は、実のところ患者本人を対象とするものではなく、「患者が愛している、あるいはかつて愛した、あるいは愛しているはずの、別の人物」に向けられているものであり、「自己非難は愛情対象への非難がその対象から離れて患者本人へと転換されたもの[14]」だと考えられるのである。つまり、対象へ備給されていたリビドーが他の対象へ向けられず、自我のうちへ撤退させられ、しかもそのリビドーが「断念された対象への自我の同一化を打ち立てるため」に使われたことにより、対象喪失が自我喪失へと転換され、「自我と愛する人物との間の葛藤」が、「自我批判と同一化によって変容された自我とのあいだの内的葛藤[15]」へと転換されたのである。

喪そして／あるいはメランコリー——ここにはすでに「対象喪失」という出来事に直面した人間存在の精神の決して単純化できない機制がある。

ところで、もう一方の哲学者、人間＝「現存在」を「死への存在」として定義したハイデガーは、他者の死についていったい何を語っているか。『存在と時間』の前期ハイデガーがその中心的テーゼとしたのは、「死は現存在の最も固有な可能性である[16]」ということだ。死は「そのつど現存在自身が引き受けなければならない一つの存在可能性」であり、「死とともに現存在自身は、おのれの最も固有な存在しうることにおいて、おのれに切迫している[17]」。このように定式化することでハイデガーが強調するのは、死という経験の絶対的な「没交渉」性＝他者との交換不可能性であり、それが現存在に絶対的な「単独化」を要求するということである。「現存在であることの絶対的な不可能性という可能性」である死は――とハイデガーは書く――「最も固有な、没交渉的な、追い越し得ない可能性」[18]であり、この「死の没交渉性は、現存在を現存在自身へと単独化する」[19]のである。それゆえに、現存在のこの条件に無自覚なままみずからの「終わり」を「非本来的に了解」し、死から「不断の逃避」をし続け日常のうちに「安ら」いでいる「ひと＝世人」は、その「頽落」を厳しく批判される。現存在が取るべき態度は、そうではなく、死を「先駆において了解」[20]すること、そして死の「追い越し不可能性を回避したりはせず、その追い越し不可能性に向かって自由におのれを解放する」[21]ことなのである。ハイデガーの論理は、つぎの帰結へと導かれる――「死を真とみなして保持することは、現存在の一つの特定の態度を要求するばかりではなく、現存在をその実存の完全な本来性において要求する」[22]。

　読まれるように、ハイデガーの死についての実存論的分析論は、終始、私の死、一個の現存在自身にとってのみずからの死だけをめぐって展開されており、そこには他者の死に際して私に何が起きるか、つまり、他者を喪失した後の現存在の変質可能性はまったく考慮されていない。否、『存在と時間』のうちにも他者の死に関する記述がないわけではない。だが、それは死が「そのつど私のもの」[23]であり、ある現存在の死に関して「あらゆる共存在は何の役にも立たないということ」[24]を確認するためなのである。ハイデガーはまず、他者の死を「現存在としての存在者の終わり」であり、「事物的存在者としてのこの存在者の始め」[25]であると定義する。なるほど確かに、ハイデガーも一個の現存在の終わりが他の事物的存在者と等価だと言いはしない。「遺族」にとっての「故人」は、たとえば「葬式」「埋葬」「墓参」といった仕方のもとでの「「配慮的気遣い」の対象」であり、遺族は「敬虔な気持ちで配慮的に気遣うという様態をとって、彼と共に存在している」[26]。しかし、故人がもはやいないという事態を「いっそう適切に捉えれば捉えるほど」「ますます判然としてくる」のは、生きているわれわれが故人の「「こうむる」存在喪失そのものに近づくわけにはいかない」ということ、すなわち「われわれは、純正な意味では、他者の死を経験することはないのであって、せいぜいつねにただ「その場に居あわせて」いるだけ[27]」だということにハイデガーは留意する。「他者が死亡してゆくのを「心理学的に」はっきりと説明すること[28]」が可能だとしても、そのことはその死の存在論的意味の理解とはまったく別だということに、ハイデガーは強く注意を促すのである――

> 死亡する者の死亡は、死亡する者の存在の一つの存在可能性なのだが、問題は、こうした死亡の存在論的意味を問いたずねることにあるのであって、故人が遺族と共に共存在したり死後もなお現存在したりする在り方を問いたずねることにあるのではない。他者で経験される死を、現存在の終わりおよび全体性の分析のための主題とせよという指令は、この指令が与え得ると思いこんでいるものを、存在的にも存在論的にも与えることはできないのである[29]。

そこから、先に見たハイデガーの断言が由来する。死が現存在に要求する「単独化」をめぐってのハイデガーの言葉を再度確認しておこう――

> この単独化は「現」を実存のために開示する一つの仕方なのである。この単独化があらわにするのは、最も固有な存在し得ることへとかかわりゆくことが問題であるときには、配慮的に気遣われたもののもとでのすべての存在および他者と共なるあらゆる共存在は、何の役にも立たないということ、このことである。[30]

たとえそれが「配慮的に気遣われたもの」であっても、現存在に「単独化」を要求する死に際しては、「他者と共なるあらゆる共存在」が「何の役にも立たない」という論理的厳密性に貫かれたように見えるハイデガーの断言[31]……。

しかし、われわれが思考し始めねばならないのは、まさにこの地点からである。すなわち、フロイトにおける人間存在の死を介した他者への根源的な関係設定として捉えられた喪そして／あるいはメランコリーと、ハイデガーにおける同じく人間存在にとっての死の存在論的意味に照らした他者との絶対的な非‐関係設定とが、交差配列的に結び合いつつ別れていくこの地点こそが、われわれの問いの唯一の位置であるだろう。だが、その場合、具体的な事例として何が真っ先に問われねばならないか。

アウシュヴィッツ――この名を呼び起こすことは、おそらく、われわれにフロイト／ハイデガーの外見上の分離を超えて「対象喪失」を、「他者の死」を臨界的な地平において思考することを可能にするだろう。そしてそれゆえに、そのことはわれわれの時代《エポック》がどのような「喪」を要請しているかを再考すべく強く促すだろう。

ナチス・ドイツが「ユダヤ人問題の最終解決」の名のもとに遂行した極限的人種主義政策の巨大な装置であるアウシュヴィッツをはじめとする絶滅収容所群は、文字どおり常軌を逸したその存在・機能・効果において近代的思考の諸前提をことごとく覆し、それらの限界を残酷なまでに露呈させた。つとにアドルノが指摘しているように、アウシュヴィッツとは何よりもまず、ヨーロッパ近代の理性原理そのものであったヘーゲル的弁証法とそこにおける同一性概念の力のおよそ最も残酷な現実化である。絶滅収容所で虐殺されたのは、むろん第一に数限りないユダヤ人たちだが、優越せるドイツ民族＝「アーリア人」という同一性にとってのさまざまな他者たち、すなわち、「ジプシー」と呼ばれたシンティ・ロマの人々、身体障害者たち、精神障害者たち、同性愛者たちもまた夥しい犠牲となった。彼らは、まさに同一性原理の中に「目的論的に潜んでいた」「非同一的なるものの殺戮」(32)の対象となったのである。ヘーゲルの名に象徴される近代的理性のはらむ暴力性は、少なくとも六〇〇万人を超える犠牲を出してはじめて根本的に問い直され、歴史の法廷に晒された。

この事実に、われわれは何度でも立ち返る必要がある。

　そのことを言ったうえで、われわれの文脈に沿って問題系を指摘すれば、一方にハイデガー的な死の実存論的分析論の失効という問題がある。すなわち、「現存在であることの絶対的な不可能性という可能性」である死を「先駆において了解」することを通して、「ひと＝世人」のうちに「頽落」した様態から、死を「真とみなして保持する」「実存の完全な本来性」へと目覚めるという実存論的態度のための場所は、アウシュヴィッツの中では消滅し、そのような実存論的態度決定自体がまったく無力なフィクションと化したのである。この点については、ハイデガー自身のつぎのような言葉がある。一九四九年の『危機』と題された講演――

> だが、彼らは死ぬとほんとうに言えるのか。なるほど彼らは命を失う。殺されはする。だが、死ぬと言えるのか。彼らは、死体製造のために徴用された物資の総量を構成する断片となる。それは、死ぬことなのか。彼らは、絶滅収容所で目立たずひっそりと粛清される。〔…〕
>
> 　だが、死ぬとは、死をはらんでその本質まで耐え抜くことである。死ぬことができるとは、このはらんで耐え抜くことを能くする、ということである。われわれがこのことを能くするのは、われわれの本質が死の本質をよしとするときだけである。(33)

このパッセージを引用したジョルジョ・アガンベンは、適切にこう解釈している――「収容所」

とは「死を最も本来的で究極的な可能性、不可能なものの可能性として体験することが不可能な場所」であり、そこでは「死の存在は阻まれており、人間は死ぬのではなく、死体として生産されるのである」[34]、と。そしてアガンベンは、この状況を明確化し可視化するために、絶滅収容所に収容されていたユダヤ人たちを指すために《der Muselmann》=「回教徒《ムーゼルマン》」という隠語《ジャーゴン》が使われていたことを想起させる。栄養失調と病と身体および精神の極限的疲弊のために歩くことができなくなり、膝からくずおれるように倒れる姿がイスラームの礼拝をイメージさせることからそう呼ばれるようになったユダヤ人たち——彼らは「生と死を越えたところで〔…〕、人間が非‐人間に変容するというこれまで考えられたこともない実験場」[35]に投げ込まれることを強いられたのであり、この「実験場」が目的としているのは、人種主義的な生政治《バイオ・ポリティックス》が「人類という生物学的連続体《コンティヌウム》」(フーコー)に漸進的に「区切り」を入れていき、「もはや区切りを定めることのできない閾」「絶対的な生政治的実体のようなもの」[36]を作り出すことなのである——

こうして、ナチスの生政治のシステムにおける収容所の決定的な役割が理解される。収容所は、死と大量殺戮の場であるだけでなく、なによりも、回教徒を生産する場、生物学的な連続体のうちで切り離され得る究極の生政治的実体を生産する場である。その向こうにはガス室しかない[37]。

『存在と時間』のハイデガーが要請した死の本来性あるいは本来的な死という概念を根こそぎ無効にする「実験場」……。したがって、歴史上の偶発事ではまったくなく、西洋文明史の、とりわけヨーロッパの理性原理の必然的帰結として生じたこの死の根源的変質は、それ以後を生きるわれわれにとって、決して回避できない人間の条件となる。その場合、もう一方の精神分析における「対象喪失」と「喪の作業」は、どのような試練に晒され、どのように再定位されるべきだろうか。

この問いに応えるために、この「実験場」でいったい何が起き、何が経験されたか、その場所からの生還者たちの言葉に耳を傾けることにしよう。そこに聴き取られるのはフロイト的「喪の作業」のおよそ最も複雑かつ悲劇的な形態である。だが、収容者の殲滅と証拠の徹底した隠滅を企図したこの「実験場」の内部からの声を聴くことは、そもそも可能なのか。まさにこの点に関して、ほとんど唯一参照し得る作品がある。クロード・ランズマン監督による『ショアー』(一九八五年)がそれである。

映画『ショアー』の最大の特徴は、そこに資料映像や再現フィルムの類が一切用いられておらず、出来事の当事者たちの証言のみによるノンフィクション作品であることだ。三年半、一四ヵ国にわたる調査にもとづき一九七六年から八一年にかけて行なわれた一〇回の撮影によって収集された映像は、三五〇時間にも及んだという。最終的に約九時間半に編集された長大な作品を構成するのは、犠牲者=文字どおり奇跡的な生き残り、加害者=元ナチ関係者、ある種の傍観者=収容所周辺のポーランド農民などのそれぞれの立場からの生々しい証言である。ランズマンによれば、この作品の

「野心」は「現代史のこの大事件を、実物大に復元する」こと、今日「伝説的・神話的次元の知識の対象」に変質してしまった出来事の現実性を取り戻すこと、すなわち、出来事を「現在としてよみがえらせ、過去を非時間的なアクチュアリティのなかに復元する」ことにある。[38]

膨大な証言群――それらはことごとく断片化され非連続的に回帰してくる――のうちから、ここでは二つを取り出し分析するにとどめる。最初の証言者は、シモン・スレブニク。彼は、父親を目の前で銃殺され母親を輸送トラックの中でガス殺され、一三歳でヘウムノ収容所へ送られるが、「労働用ユダヤ人特務班」として死体焼却などに従事させられたあげく、終戦間際にうなじに弾丸を撃ち込まれて処刑されかかるが、弾丸が急所を逸れたため、一命をとりとめた奇跡的な生還者である。スレブニクは、ガス・トラックで運ばれてきた死体を焼却炉に投げ込む「作業」を回想した後（「「もっと速く投げ込め。もっと速く！　次のトラックが来るぞ！」。そして、積み荷がすっかり燃えつきるまで、働いたものです。一日中、こんなふうでした、……こんなふうでしたよ。[39]」）、ある感覚の麻痺について語る――「あのことを見ても、何も感じませんでした。つづいて、二回目、三回目のトラック輸送分を片付けても、やっぱり、何も感じませんでした」[40]。これは、人間の精神が過度の衝撃や恐怖に晒されたときに取る防衛機制として――それがいかに残酷な経験であろうと――比較的容易に理解されるだろう。スレブニクの説明によれば、それまでにいたゲットー内でも見てきたものはと言えば、死体の山ばかりであり、「息子は、父のパンを取り、父は、息子のパンを取」り、「だれもが生き長らえようと」する、そんな極限状態であったがゆえに、ヘウムノに着いたときには「あるがまんまで、どうでもよい……」[41]という自棄的な感覚に陥っていたという。だが、この証言シーンの最後、「もし生きていられるものなら、欲しいものは、一つしかない。食べるために、パンを五つもらうことだけ……、ほかには何もいらない」と考えていたことを想起した直後に、つぎのような奇妙な「空想」に囚われていたことが証言される――「もし生きていられるとしても、世界に残るのは、ぼく一人だけだろう。一人の人間も残らず、ぼくだけだろう、一人だけだろう、と。／ここから出て行けるとしても、ぼくが、世界に残る唯一人の人間だろう、と」[42]。ここには、あらゆる論理的・感覚的な判断停止に続いて惹き起こされたある論理の捩れと倒錯、それも必然的な倒錯がある。「もし生きていられるとしても、世界に残るのは、ぼく一人だけだろう」という言葉は、なにも自分だけが文字どおりたった一人奇跡的に生き残るなどということを意味しているわけではない。そうではなく、ここには生き残った者にとって世界との関係がどう変質せざるを得ないかが正確に語られている。すなわちそれは、生き延びるために人間的感情を殺し人間的であることを止めざるを得なかった存在は、現実世界に回帰したとき、現実の諸対象に心的エネルギーを向けることができなくなる、ということだ。彼は回復された「現実」の諸対象にリビドーを備給する能力そのものを喪失しており、したがって彼には、諸対象が本当の現実とはならないのである。「ぼくが、世界に残る唯一人の人間だろう」という言葉は、したがって、世界に自分だけがいるなどということを意味しているのではない。そうではなく、心的エネルギーを備給できないがゆえに世界から自分だけが隔てられてあり、それゆえ世界の中でたった一人、「現実」的関係を諸対象とのあいだに結ぶことができないままで孤独に存在し続けるほかない――そのような事態をこそ、スレブニクは証言しているのである。

つぎの証言者は、フィリップ・ミュラーである。チェコ系ユダヤ人である彼もまた「特務班」として絶滅作戦に加担させられた一人だが、その経験は別の意味でいっそう過酷なものである。ミュラーはある場面で、ガス室での大量処刑に立ち会った経験を語っている。死が目前に迫ったのを知った同胞たちが、チェコの国家を、ついで〈ハティクヴァ〉（後にイスラエル国歌となった〈希望〉を意味するイムベール作の歌）を合唱するのを耳にしたとき、ミュラーは「身もふるえんばかりに、感動[43]」すると同時に自分の「生命《いのち》には、もう何の価値もない」と「悟」る――「生きて、いったい何になるのか？[44]」。そして、みずからも一緒に死のうとしてガス室に入る。ところが、以前に「家族収容所」で知り合いになっていた女性たちからの懇願によって、彼は死を思いとどまる――「あんたが死んだからといって、私たちの生命が生き返るわけじゃない。〔…〕／私たちのなめた苦しみを、私たちの受けた不正を……、このことを、証言してくれ[45]」。この言葉によって、彼はかろうじて生の場所に踏みとどまるのである。

ここには、ミュラーのその後の精神構造を決定するに充分な心的外傷がある。彼は、いったんはみずから死を選ぶ。大量虐殺システムの一員として労働を強いられながら存続する生などに、もはや何の価値もないと感じて、彼は死を選んだのである。しかし、いったんは死を覚悟しながらも、証言者として生き延びるという別の価値を要請されて、彼は生に立ち戻ってくる。けれども、まさにこのことがきわめて深刻な帰結をもたらすことになる。すなわち、このことによって、彼は少なくとも二重の、しかも相反する「喪の作業」を決定づけられることになるのだ。一方に、〈いったんは死んだ自己〉についての喪がある。彼は人間的判断によってみずからを一度殺している。その死んだ自己から離れ、生へと回帰するという苦しい作業を彼は成し遂げなければならない。他方、彼は生き延びることを選んだ証言者として、〈大量虐殺された同胞たち〉についての喪、つまり、殺された人々を想起し、その死を証言し、共同の記憶の中へともたらすという責務を負っている。ところが、この二つの「喪の作業」を一人の人間が同時に行なうことは論理的に不可能である。すなわち、つぎのような事態だ——彼は生きていかねばならない。そのためには、かつて死んだ自己から離れ、生へと回帰すべく、彼はかつてのみずからの極限状況を想起し、想起を繰り返しながら、やがてその極限状況から静かにみずからを切り離さなければならない。だがしかし、そのようにすることは、実際には彼には禁じられている。なぜなら、彼が死から離れることができたのは、彼が証言者として生き延びるかぎりにおいてのみであって、そのことは、言うまでもなく、かつての極限状況を記憶し続け、そこから決して離れてはならないということを意味するからである。そうでなければ、彼は現在の生存をみずからに可能にした唯一の条件を裏切ってしまうことになる。要するに、ここにあるのは記憶と想起に関する完全な二律背反構造、つまりは二重の拘束＝ダブル・バインドなのである。

現実の諸対象にリビドー＝心的エネルギーを備給する能力を喪失してしまい、世界の中で一人＝

孤独であること、あるいは、かつての死から生へと立ち戻りつつも、しかし死から離れることを許されず、その記憶を生き続けること。つまりは、終わりなき、不可能な「喪の作業」を引き受けること――これこそが、絶滅収容所からの生還者であることなのである。

　こうしてアウシュヴィッツという出来事が、一方でハイデガー的な実存における「死の本来性」を、他方でフロイト的な精神のエコノミーとしての「喪の作業」を根本的に疑義に付したことが確認されるわけだが、アウシュヴィッツの名は、この問題系をさらに延長することをわれわれに促す。それは、生き残ることとそれに結びついた特有の「恥」あるいは「罪責感」の問題である。

　絶滅収容所のような極限的経験を通過した後に生き残ることが、これほど多くの困難をともなうということ、それもたんに悲惨な過去を忘却できずにいるというだけでなく、極限的状況の経験が、いわば〈忘れることも忘れないことも不可能な記憶の滞留状態〉の中に人を置き続けるということ――このことをわれわれは明確化しておく必要がある。人間存在の時間が「過去－現在－未来」という目的論的構造をしていると見えるのは、ただ一定の相対的に安定した歴史的－社会的条件のもとにおいてのみであるということを、われわれは忘れるべきではない。そうでなければ、いったいなぜ、絶滅収容所からの奇跡的な生還者たちがあんなにもしばしば自殺してしまうのか、それも解放されたはるか後、数十年後にみずから命を絶ってしまうのかということが説明できないだろう。すぐに想起される著名な実例に限っても、たとえば、ジャン・アメリのケースがある。一九一二年にヴィーンに生まれたこの作家は、レジスタンスに参加して逮捕され、アウシュヴィッツなど三つの強制収容所を体験し、そこから生還した後、一九七八年に自殺している。あるいはイタリアの作家プリーモ・レーヴィのケース。一九一九年にトリノのユダヤ人家系に生まれ、四三年にレジスタンス活動中に逮捕され、アウシュヴィッツに送られながら奇跡的生還を果たした彼も、『これが人間である以上』(日本語訳＝『アウシュヴィッツは終わらない』)(一九四七年)、『休戦』(一九六三年)、『今でなければいつ』(一九八二年)、『溺れるものと救われるもの』(一九八六年)などの貴重な証言の数々を残した後、一九八七年四月、飛び降り自殺をしている。さらにあるいは精神科医ブルーノ・ベテルハイムのケース。彼は、一九〇三年ヴィーンに生まれ、精神分析学を修め、主に自閉症児の治療と教育に従事した後、ナチ政権下でダッハウとブーヘンヴァルトの収容所に送られるが、そこから生還した後、一九三九年にアメリカ合衆国へ亡命、シカゴ大学で長く教育学・心理学・精神医学の研究を続けたが、まさしく『生き残ること』(一九七九年)という生還者たちの精神構造を分析する大部の書物を執筆した後、一九九〇年三月一三日、すなわち、ナチがヴィーンに侵攻したその記憶の日に自殺している。

こうした事実すべてを前にして、われわれはいったい何を語るべきか。第一に、再度確認しておかねばならないが、生還者たちのトラウマ的記憶が現実世界との調和を彼らに不可能にしているという問題がある。先に見たシモン・スレブニクに代表されるように、生還者たちは多くの場合、ふたたびみずからの目の前に現れた現実世界に対し自然な心的エネルギーの備給を行なうことができない。そして新たな諸対象を見出せぬまま、彼らは「対象の影＝亡霊」としての自我を持ち続け、したがってメランコリー的な「自我の貧困化」に陥る。フロイトにしたがえば、彼らはみずからの「自我」を「何の値うちもなく、実行力を欠き、道徳的に責められるべきもの(46)」と見なし、また「みずからを非難し、みずからに悪口雑言を浴びせ、追放と処罰とを期待(47)」するのである。そして最終的に生還者たちは、かつての愛する対象、すなわち、健康だったみずからの精神、あるいは「祖国、自由、理想」などの「愛する人物の位置へと置き移された」「抽象物(48)」に対して一種の復讐をするに至る。すなわち「自己処罰という迂回路(49)」をとってみずから病み、その病をとおして喪われた愛する対象に苦痛を与えるに至るのである。

このことをやや別の角度から捉え直すとき前景化してくるのが、先に述べた生還者たちに特有の「恥」あるいは「罪責感」の問題である。プリーモ・レーヴィは『溺れるものと救われるもの』の中で、「自由を取り戻すのと同時にやって来る恥辱感、あるいは罪責感」を語り、それが「非常に混成的なもの」であることを指摘している。まず一方に「道徳の基準が変わっていた」ことに起因する恥辱感がある――

> 闇から抜け出すと、自分は傷つけられたという、再び獲得された自意識に苦しんだ。自分で望んだのではなく、怠惰からでもなく、罪を犯したわけでもないのに、私たちは何カ月も、何年も、動物的なレベルで生きることになった。〔…〕私たちは汚れと雑居と剝奪を耐えしのんだが、正常な生活のときよりもずっとその苦しみは少なかった。なぜなら私たちの道徳の基準が

変わっていたからだ。(50)

ひと度「道徳の基準」の歪形を生きることを余儀なくされた人間は、いったいどのようにして元の社会的－文化的規範に立ち戻ることができるか――ここには、みずからの責任ではないにもかかわらず生還者が「恥」の感情をいだかなければならないという理不尽な状況がある。そして他方にあるのが、今ある自分の生存が「誰かの代わり」なのではないかという、いっそう理不尽な「恥」の感情である――。

おまえはだれか別の者に取って代わって生きているという恥辱感を持っていないだろうか。特にもっと寛大で、感受性が強く、より賢明で、より有用で、おまえよりももっと生きるに値する者に取って代わっていないか。おまえはそれを否認できないだろう。(51)

むろん、これはまったく理由のない恥辱感である。強制収容所以後に生き残ることは無条件かつ絶対的に肯定されるべきことであり、生き残ることが「罪」であるかのように「恥」じることは観念論的な錯覚以外のものではない。歴史の未曾有の災禍の中で、ある存在が「偶然」に生き残る。そのとき、その存在は誰か他者の生存の「分け前」を非人称的計算にしたがって奪い取ってしまったと感じる。つまり、「犠牲者が死んだおかげで、自分は生き残った」という負債の感情が形成されてしまうわけだが、しかし「罪」があるとすれば、それはむろん、人間の生存をそのような非人称的計算のもとに置いた者たち、人間の全生存をそのようなシステムのうちに拘束した者たちの側にあることは言うまでもない。

けれども、生き残った当事者にとって、この負債の感情はまさに理由なく支配的なものとなる。なぜか。それはこの生還者たちが、強制収容所という場でいわば人間的なるものの底に触れてしまったから、自己の崩壊に、すなわち「絶対的に自分のものでありながら自分のものでないもの」[52]に触れてしまったからである。「自分自身の破産、主体としての自分自身の喪失の証人」[53]であり続けねばならないことに由来する「恥辱」の感情……。言い換えれば、強制収容所において主体は、いかなる政治的－社会的－文化的保護装置も機能しない場なき場において、その「剝き出しの生」（アガンベン）に還元され、以後、その記憶から自由になることができないのだ。

こうしてわれわれは、フロイトの精神分析における「喪の作業」とハイデガーの実存論的分析論における「現存在の最も固有な可能性」としての死という二つの概念をアウシュヴィッツの名のもとで検証することで、われわれの時代の人間の条件を探ってきた。ところで、こうしたすべての問い、こうしたすべての歴史の悲劇に対して、デリダはこれまでどのような応答をしてきただろうか。

灰の哲学、哲学の灰——ある時期以降のデリダの思考の領野をそのように名づけることは、おそらく可能であるだろう。デリダの思考が痕跡ないし原－痕跡の思考であるかぎりにおいて、そして原‐痕跡が「ホロコースト」と構造的にまったく同一であるかぎりにおいて。

灰そして／あるいは喪についてデリダがそれを明示的かつ中心的——デリダにおいては中心／周縁という対立がつねにすでに転位されることを大前提として確認したうえで——主題として語ったテクストは、少なくとも三つある。『シボレート——パウル・ツェランのために』[54]（一九八六年）、『火ここになき灰』[55]（一九八七年）、そして『回想《メモワール》——ポール・ド・マンのために』[56]（一九八八年）がそれである（文字どおりの追悼文の集成である『そのたびごとにただ一つ、世界の終焉』〔二〇〇三年〕はここでは除く）。この三つのテクストを共約することなく結びつけている形象——それは、何かがあるいは誰かが焼き尽くされた後に残る灰という痕跡、すなわち「このほとんど何ものでもないもの」、「残滓の残留性〔restance〕」としての灰である——

灰というものがある〔il y a la cendre〕、おそらくは、だが一つとして灰は存在しない〔n'est pas〕。この残滓は、かつて存在したものから、それも現前的に存在したものから残っているように見える。つまり、それは現前する‐存在という源泉によってみずからを養い、あるいはみずからを潤しているように見える。だがそれは存在から外へ出てしまうのだ。それはみずからが汲みあげているように見える存在をあらかじめ汲み尽くしているのである。残滓の残留性——灰、このほとんど何ものでもないもの——とは、残っている‐存在〔l'être-restant〕ではない。少なくともこの言い方が、残存する‐存在〔l'être-subsistant〕と解されてしまうのであるならば。[57]

すでに無限の解釈に場を与えるパッセージだ。少なくとも指摘し得ることは、第一に、この一節が『シボレート』というパウル・ツェランに捧げられた書物の中、それも「すべての名が、あの女《ひと》／とともに、焼き尽くされて、すべての名が。こんなにもたくさんの／祝福を与えるべき灰。こんなにもたくさんの／征服された土地」という数行を含む一詩篇の解読として記述されているからには、ここで語られた「灰」は、一般概念としての「灰」――などというものが仮にあるとして――ではなく、まさに「ホロコースト」ないし「ショアー」と直接に結ばれたものであり、その歴史上の出来事の別名そのものだということである。ツェランの全詩作が、アウシュヴィッツを経由したユダヤ-の-精神による歴史の証言であり、終わりなき「喪の作業」、文字どおり一人の実存の有限性のうちでは完結しようもない際限なき「喪の作業」であることは、あらためるまでもないだろう。そしてそれゆえに、ツェランの詩句、一民族の被った巨大な悲劇の記憶を刻みつけ、限りない喪と祈りを鳴り響かせるその言葉の音域を聴き取るとき、「喪の作業」という概念自体が拡張を迫られ、あるいは科学的概念としてのその限界に直面させられることもまた、明白である。デリダの『シボレート』はそのような方向性をはっきりと指し示している。

第二に、灰の存在論、否、存在論的規定から溢れ出し、あるいはそれを無化する灰の脱-存在論というべきものがある。灰は、なるほど確かに「残滓」ではある。しかしそれは、かつて現前性の様態で存在したものへと決して送り返しはせず、またこれから到来する現在や現前性を保証しもしない。それは厳密には、存在でも非‐存在でもない何か、つねにすでに現前性の充溢を「汲み尽くし」、ただ「ほとんど何ものでもない」間隙として現在‐現前性を穿ち、無の回帰を約束するだけなのである。誰もそれ自体を所有することができず、何もそれ自体の名を持つことのできない残留性。全体が「灰がそこにある〔Il y a là cendre.〕」という奇妙な（定冠詞《la》の代わりに場所の副詞《là》が置かれた）一つのフレーズをめぐる男女間の対話からなるテクスト『火ここになき灰』の中で、デリダは一方の女性に語らせている——

——もし場そのものが火に包まれてしまえば（最後には灰となって崩れ落ち、名として崩れ落ちてしまえば）、もはや場はなくなるのよ。残るのは灰だけ。そこに灰がある〔il y a〕、翻訳してごらんなさい、灰はない〔n'est pas〕、灰はあるもの〔ce qui est〕ではないって。それはないものから残る、その脆い底で、ただ非‐存在だけあるいは非現前だけを想起させるためにね。現前なき存在は、灰があるまさにその場所にはなかったし、これからもあることはない、そしてそれはあの別の記憶を語ることになるでしょう。そこ、残っているものとあるものとのあいだの差異を灰が言わんとするそこに、灰はやって来るのかしら、はたしてそこに？[58]

灰——それはそれ自体の実質を持たず、本質をも持たない。「ある日、たった一度だけ、一つの固有名のもとにそこで焼き尽くされたものがいったい何であるかさえもはや分からない、灰の本質なき本質」[59]とデリダはツェランにそくして言っていた。けだし、灰とは「一つの固有名」から残ったものでありながら一切の固有性を欠いた痕跡、それが言い得るものとてはただ「残っているものとあるものとのあいだの差異」だけであるような、脱-存在論的痕跡なのである。

そこから帰結するのが、第三に、灰がそなえている反-弁証法的な力である。すでに見たところから明らかなように、灰は、ヘーゲル的意味における肯定的なものでも否定的なものでもない。それは、そのような弁証法的対立措定を超え出るものであり、あるいはそれに抗うものである。ヘーゲル的な思弁的弁証法にしたがえば、死は〈精神〉の生の一契機であり、その否定性は最終的に〈精神〉へと止揚されるべきものであるだろう。だが灰は、灰という残留性は、たんなる実在性の否定ではなく、したがってみずからが〈精神〉化されるがままにはならない。そうではなく、死後に訪れる灰という痕跡の経験は、しかしながら特有の時間錯誤性《アナクロニー》によって、生/死の区別以前のある場面を開き続けるのだ。それはその原-物質性において弁証法的止揚の運動へ回収されることを拒み、それどころかその運動を挫折させ、機能不全に陥らせる。灰は、換言するなら、墓という〈精神〉の住処に安住することのない、終わりなき散逸を運命づけられているのである。

だが、そうなってくると、喪はどうなるのか。人間存在の精神のエコノミーとしての喪の経験はいったいどうなるのか。ツェランの詩句をめぐってデリダは書いている——

そのとき、〔…〕喪そのものが、すなわち記憶の中への他者の内化(*Erinnerung*)が、墓や墓碑銘の中に他者を保持することがそこにおいてわれわれに拒絶されるあの限界を、喪失は踏み越えてしまうのだ。というのも、墓を保証することによって、日付は喪に、喪の作業と呼ばれるものになおも場を与え得ていたからである。ところがツェランは、日付が灰に帰された彼方をも、墓なき喪われた言葉の数々をも名指している——《*wie unbestattete Worte*〔まるで埋葬されざる言葉のように〕》。だが、ひと度死んでしまい、墓もなく、それ自体灰に帰されたこれらの喪の言葉の数々は、なおも立ち戻ってくることがあり得る。それらはそのとき、まるで亡霊のように立ち戻ってくるのだ。碑の傍らをそれらが徘徊しているのが聞こえてくる[60]。

「記憶の中への他者の内化」がそれ以後「拒絶」されるような「限界」を「踏み越えてしまう」「喪失」——「墓もなく、それ自体灰に帰された」「喪の言葉の数々」。そのような限界的な喪失、限度を越えた喪失についての喪があり得るとすれば、それはいったいどのようなものか。デリダは『回想——ポール・ド・マンのために』の中で、おそらくこの問いに応えようとしている。

デリダはまず、他者の死をめぐる人称構造を問うことから始める。誰か愛する友に死が訪れる。そのとき以後、友は「もはやわれわれのうちでしか、われわれのあいだにしか」存在しなくなる。友は彼自身のうちでは、彼自身によっては、彼自身では、もはやいなくなってしまうのであり、彼はわれわれの記憶のうちでしか生きることはできない。しかし、この「われわれ」とはいったい誰か。それはどのような構造をしているのか——

しかし、われわれは決してわれわれ自身ではなく、またわれわれのあいだで、われわれに自己同一的でもないのであり、一つの「自己」は決してそれ自身のうちにはなく、それ自身に自己同一的でもない。この思弁的省察は、決してそれ自身のうえで完結することはない。この喪の可能性以前には、すなわち、すべての「われわれ－のうちに－あること」を、「私－のうちに」を、われわれのあいだであるいは自己のうちにあらかじめ構成するこのアレゴリーと活喩法〔不在者・死者に語らせるレトリック〕の構造の前そして外には、それは現れはしないのである。*Selbst*、*self*、自己自身がみずからを現すのはただ、この喪に服したアレゴリーにおいてのみ、この幻覚的活喩法においてのみなのだ――それも、他者の死が実際に、いわゆる「現実」において、訪れさえしないうちに(61)。

「私」がそれとして現れ得るのは、つねにすでに始まっている他者の死についての喪に服すかぎりにおいてであるということ、そして「われわれ」もまた、それだけでは自己同一的に存立することはあり得ず、他者の死を「われわれ－のうちに－あること」というアレゴリーないし活喩法によって取り込むことにおいてはじめてそれは可能になるということ。つまり、一人称を名乗る存在は、それが単数であれ複数であれ、あらかじめ起きたということになるだろう他者の死をみずからの「現れ」の不可欠の前提としているのである。ここには、『存在と時間』のハイデガーからの、わずかだが決定的な隔たりがある。ハイデガーにおいては、自己の不可避の死を「先駆において了解」し日常的「頽落」から本来的時間へと目覚めることだけが問題であり、他者の死は「配慮的気遣い」の対象となりこそすれ、最終的にそれについて「共存在は何の役にも立たない」と言われていたのだった。それに対してデリダがここで語っているのは、「私」にとっても「われわれ」にとっても、「先駆において了解」すべきなのは他者の死である、ということだ。「私」は、「われわれ」は、その人称性そのものを他者の死によって、したがって他者の喪に服することによって基礎づけられているのである。

　デリダがついで問題化するのは、フロイトによる「喪の作業」の「完了」についての判断である。フロイトによれば、対象喪失を経験した主体は、喪われた対象を記憶し内面化してその存在を「心的に維持」しつつ、その対象に備給されていたリビドーを徐々に撤収することで、最終的に「無に帰した対象へのみずからの拘束を解除する」ことに成功するのだという。だが、はたして「喪の作業」はそれほど予定調和的なものなのか。「正常」な喪の作業において、事はなるほど確かに「内面化する観念化作用[62]」に、すなわち、かけがえのない他者の身体を、声を、顔を、人格を「観念的に食い尽くす」「ミメーシス的内面化[63]」に関わっている。しかし問題なのは、そのような「ミメーシス的内面化」は、結局のところ喪の主体のエコノミー的再建に役立ちはするが、他者の死をそれとして経験したことにならないという点である。「同時に生きておりかつ死んでいる」状態で「他者を孕み、他者を自己のうちに(われわれのうちに)含む忠実な内面化」は、「他者をわれわれの一部に、われわれのあいだの一部にして」しまい、そのとき「他者はもはや他者ではないように見える」[64]ことになる。だが、喪というすぐれて倫理的な行為は——とりわけ、われわれが確認してきた同一性原理＝自民族中心主義の暴力の極限としてのアウシュヴィッツ以後にあり得べき喪は——、そのような「ミメーシス的内面化」に終始するものではないだろう。そうではなく、反対に「他者をわれわれの一部にしてしまう」ような「ミメーシス的内面化」に失敗すること。それこそが「喪の作業」の逆説的成功なのだとデリダは言う——

> 流産する内面化——それこそは、同時に他者としての他者を尊重すること、一種のやさしい拒絶、ある断念の運動なのであり、それは他者を一人にしておき、外に、向こうに、その死の中に、つまりはわれわれの外に、ゆだねておくことなのである。[65]

このような倫理の法を、デリダは「内面化の彼方の思考の、喪に服さざる喪の思考の非‐主体化する法」[66]と名づけている。繰り返せば、このような喪、すなわち、他者の死を自己回復ないし自己保存のエコノミーに回収することのない、「非‐主体化」(この作用がまったき肯定性において言われていることに留意しよう)し、外への通路を他者のために開いておく精神の在り方は、われわれの時代《エポック》が必然的に要請するものである。内面化する記憶、主体化し自己の同一性を打ち立てる力、全体化への欲望——そうしたものすべてから他者を、喪われたあるいは生き残ったあるいは来たるべき他者たちを守り抜く論理。デリダがここで告げているのは、それ以外のものではない——

しかし、諸集合の単純で「客観的」な論理を挑発するもの、全体への一部分の単純な包含を攪乱するもの、それこそは、内面化する記憶(*Erinnerung*)の彼方で想起されるもの、思考(*Gedächtnis*)へと想起され、「全体」よりも大きな「部分」として思考されるものである。すなわち、それこそは他者としての他者、非-全体化可能で、それ自身へも同一者へも適合しない痕跡である。この痕跡は、もはや内面化され得ないものとして、不可能な*Erinnerung*として、喪の中に内面化される——喪に服した記憶の内部かつ彼方で、その記憶を構成しつつ、その記憶を横断しつつ、もはやそこにみずからを限定することなく、あらゆる再自己固有化を挑発しつつ(67)。

「内面化する記憶(*Erinnerung*)の彼方」、「非-全体化可能」な「痕跡」、「挑発」すべき「再自己固有化」、そしてこれらすべての問いの根拠(なき根拠)としての「灰」……。

すでに明らかだろう、ここで問題化された事柄すべてに署名する人、つねに署名し続けていたであろう人——それはヘーゲルである。デリダによるこの巨人の壮大な批判的読解、否、脱構築の実践の名は広く知られている。体系への、全体性への、「絶対知」への弔いの鐘を鳴り響かせること——『弔鐘《グラ》』が、われわれを待っている。

第二章　ヘーゲルによるアンティゴネー——『弔鐘』を読む

《——私は憎しみ合うようには生まれついてはおりません、愛し合うだけです。
——愛し合わねばならんと申すなら、あの世へ行って亡者どもを愛すればよかろう。余の目の黒いうちは、女の思うようにはさせぬぞ。》

——ソフォクレス『アンティゴネー』(1)

《体系は家族のなかでおのれを反復する。》

——ジャック・デリダ『弔鐘』(2)

デリダの大著『弔鐘』(一九七四年)が読めない書物であるということ——このことを確認することから始めねばならぬ。むろん、書物である以上、そのページを繰り、刻まれた文を辿り、書かれた意味内容をそれなりの仕方で把握することはできる。「読む」という営みをそのように解するならば、『弔鐘』はこれまでも(その数がきわめて限定されているとしても)読者を持ってきたし、今後も読むことへの挑戦は続けられていくだろう。だが、この書物が、その機械状《マシニック》の仕掛けによって惹き起こす諸効果、読む者に与える徹底的にパフォーマティヴな無限の効果を考慮するとき、事態はおよそ単純化できない様相を呈することになる。

第一に(序列という意味においてではなく)、ページごとの文字列のきわめて特異な配置がある。タテ24㎝×ヨコ24㎝の精確に正方形のページのそれぞれに、左半分にヘーゲルを論ずる欄《コロンヌ》=柱が、右半分にジュネを論ずる欄=柱が一冊すべてを貫いている(各ページが「正方形」=《carré》であることは、この書物にとって意味のないことではない——《carré》は、ラテン語の《quadrare》=「四角にすること」の過去分詞《quadratus》に由来する。ページのこの形は「四」という数がヘーゲル哲学に対して持っている効果を物質化したものにほかならない。この点については後に触れねばならない)。したがって、ページを見開きにした場合、左右のそれぞれに二つの欄=柱が、つまりは2×2=4つの欄=柱が嫌でも目に入ってくる。そして、その欄=柱も、単純な線状の記述ではなく、中断と再開始、ときとしてそこにどのような論理的連関があるのかまったく分からない飛躍を含む、非-連続的な記述からなっている。それだけではない。欄=柱の中には、「ジュダ〔judas〕」と呼ばれる「小窓=のぞき孔」がしばしば穿たれ、小さな活字で打たれたその記述が、もともと非連続的である欄=柱をさらに分割し多層化し複雑化しているのである。

それゆえ第二に、このテクストを「読む」ことはきわめて困難な作業を要請する。ヘーゲルの欄=柱とジュネの欄=柱のそれぞれの記述が、それだけで普通の意味で難解であるという以上に、二つの欄=柱を単独で読むだけでは、この書物を読んだことにはならないからだ。『弔鐘』のページを開くや、それを読む視線は二つの欄=柱を同時に読まねばならない。だが、人間の読む視線が抜きがたく線状の動きしかできないという限界を持つために、『弔鐘』を読む者は、実際には二つの欄＝柱を交互に、行きつ戻りつしながら、最良の場合でもそれらの相互的反射関係の中で無理な姿勢を保ちつつ、視線を彷徨わせることしかできはしない。しかも、そのような読みの手続きに「正解」はない。そのような読みには定義上無限のヴァリエーションがあり得るのであり、読み手はみずからの読解方法をそのつど新たに発明しなければならないのだ。二つのそれぞれが分割された欄＝柱のあいだを視線が走り抜けるときに立ち現れる、ヘーゲル論でもジュネ論でもない何か。だがしかし、まさしくその何か、論理的にほとんど不可能な読解の出来事をこそ、『弔鐘』は強く要求しているのであり、その不可能事が出来したときにこそ、『弔鐘』は読まれたということになるだろう。

第三に――これはすでに『弔鐘』の「主題」に触れることになるが――、この書物には始まりも終わりもないということ。これは思弁的な意味においてではなく、書物の物質的形態が決定していることである。すなわち、ヘーゲルの欄＝柱もジュネの欄＝柱も、書物の最初の一文の冒頭が小文字で始まっており、かつ最後の一文は完結せず途中で断ち切られているのである。これは、この書物においてエクリチュールがつねにすでに始まっており、かつ終結を欠いた無限の反復ないし再開始であることを意味する。換言するなら、この書物の時間は〈始まりはつねに終わりに媒介されている〉というヘーゲル的目的論にしたがっていないのである。左の欄＝柱の始めの一文は「いったい何が今日残っているのか、われわれのために、ここで、今、かのヘーゲルから？」(3)であり、他方、右の欄＝柱の始めの一文は「「小さな真四角に引き裂かれ便器に投げ棄てられた一幅のレンブラントから残ったもの」は二つに分かれる」[4]である。左右の（いつからか、すでに始まっていた）始まりの一文から早くも響いてくるのは、ここ（とは、しかしどこか？）での主題ないし鍵概念、否、ともかくここで賭けられているものが「残り」＝「残余」＝「残滓」＝《le reste》であるだろうということだ。しかし、いったいそれは何から残ったものか、何の残りかすか、何からはみ出た、あるいは何が取り込むことのできない残余なのか？

　この「何」が、おそらくはヘーゲルの言う「絶対知」、すなわち、実体と主体、即自存在と対自存在、意識と自己意識等々のあらゆる対立措定が「精神」のうちに止揚され、かつ「精神」が「自己を知る精神」として成立する境位であるだろうことは、『弔鐘』の劈頭から予告されている（「Sa はこれ以降、絶対知 savoir absolu の略号となる」[5]）。「絶対知 Sa」から残るものを、そのあらゆる契機において刻印し、再-刻印し、あるいはそれが残ることの不可避性を示し、「残り」＝「残滓」＝「残余」の運動を辿り、のみならず「残り」の領域・審級を拡大し加速することによって、ヘーゲル哲学の体系そのものの〈外〉を指し示し、やがてその体系が自壊してゆくさまを上演すること……。これこそが『弔鐘』という舞台の最大の賭札であったということになるだろう。だが、そのことが言説における論証の次元だけでは実現されず、二つの、のみならずそれぞれが分割され複数化された欄＝柱の相互的翻訳の空間において、ただ出来事として生起するだけであるということもまた、あらかじめ約束されている。そしてその際につねに問題となるのが、ヘーゲル哲学の原動力とも言うべき弁証法、その止揚＝《Aufhebung》の働きであることも早くから予告されていることだ。たとえばつぎのくだり――

> 残余には、そもそも、残余には、つねに、たがいに交差＝一致する二つの機能がある。
>
> その一つは、落下を、記念碑のうちに、確保し、保存し、同化し、内化し、理想化し、止揚する機能である。落下はそこで維持され、防腐措置を施され、ミイラ化され、記憶＝記念碑化される。そこで名づけられる――そのようにして、落ちる＝墓(石)となる。ゆえに、だが落下として、そこでおのれを樹立する。
>
> もう一つの機能は――残余を落ちるにまかせる。同じことに帰着する危険を冒しつつ。〈落ちる＝墓(石)〉〔tombe〕は――欄柱二巻き、竜巻〔trombe〕――〈残る＝残余〉〔reste〕。[6]

ここにはすでにヘーゲル的止揚に対する「残余」の位置なき位置が、止揚の働きが不可視にしてしまう残留性の力が再-刻印されている。もしヘーゲル的止揚が、あらゆる対立措定を保存しつつ破棄して高位へと引き上げるその力を作動させ、いかなる残余も残さないとしたら、『弔鐘』の書かれる余地はない。だが、『弔鐘』は書かれる――ヘーゲル的止揚がその作動のたびに、残余をして、かすかに、しかし不可避的に語らしめるかぎりにおいて——

残余は語りえない。あるいは、わずかしか。経験的近似ではなく、決定不可能な厳密さにおいて。(7)

この「とても細い、ほとんど見えない(8)」隘路に、ヘーゲル哲学の総体を投げ返し、その隘路を通過できないものたち(概念・情動・無意識)に別の光をあて、その抵抗ないし反射の力によって、ヘーゲル哲学を、その体系そのものを機能不全に陥らせ、その死を宣告し、その弔いの鐘を鳴らし、その喪に服すこと——それこそが『弔鐘』の全体としての効果であると言ってよいだろう。

だが、「全体」というすぐれてヘーゲル的な概念の反動性こそが『弔鐘』が照準を合わせている当の標的であるとすれば、われわれが採り得るアプローチもまた部分的でしかあり得ない。ただし、この場合、部分的であることは不完全であることをなんら意味しない。『弔鐘』のエクリチュール実践が試みているのは、まさしく全体より大きな部分を再-刻印し、そのつど全体を凌駕する部分への心的エネルギーの備給形式を組織することであるからだ。

それゆえ、われわれもまた、そのような心的エネルギーの備給を可能にし、誘発しているクリティカル・ポイントを選び出すことにしよう。『アンティゴネー』——ソフォクレスによる古典ギリシア悲劇のこの最高傑作とその同名のヒロインがヘーゲルとのあいだに取り結んでいる関係こそは、そのようなクリティカル・ポイントの一つである。そもそも『弔鐘』はヘーゲルの体系へ均質に接近しているのではなかった。デリダはヘーゲルの欄＝柱が始まってすぐに、「ヘーゲルの名に働きかけるため、その名を、ある種の儀式の間、樹立＝勃起させておくために」、「一本の糸を引っ張ることを選んだ」と書きつけ、その「あまりに細く、奇妙で、脆弱にみえるだろう」糸が、「家族の、すなわち、ヘーゲルの家族の、ヘーゲルにおける家族の、ヘーゲルにおける家族概念の法[9]」であることを明記している。そして、ここでの「ヘーゲルにおける家族概念」の問題が〈父〉の問題であること、家族における〈父性〉の問題、そしてその問題のうちに「雑種混交的＝私生児的」なもののための場所があるか否かという問題であることをはっきりと語っている――

　系譜学は、父から始めることはできない。

〔…〕

　存在神学のなかに、あるいはヘーゲル的家族のなかに、私生児のための場所はあるか？　この問いは、脇にのけなくてはならない。欄外に押しこめておかなくてはならない、あるいは、首根っこを押さえつけておかなくてはならない。真の家族、あるいは真理の家族に仲間入りするときには。この問いは、*Klang*〔鳴り響き〕の問いにとって、さほど外在的ではない。少なくとも、この問いの外在性はもう一つの外在性を、ヘーゲルの外在性概念とは対応しないまま、問いの中心へと押し出すのである。

雑種混交的＝私生児的な道、それは、当然にも、家族の円環に付き従うふりを装わなくてはなるまい。そこに入るためであれ、それを分有＝分割するためであれ。分有＝分割、すなわち、共同体に参加し晩餐にあずかるように、この家族の円環を分有するためであれ、あるいは、分離することによってそれを分割するためであれ。(10)

「ヘーゲルにおける家族概念の法」に対してアンティゴネーはどのような位置を占め、どのような役割を演じているか。そこにはギリシア－ヨーロッパにおける普遍的な家族の法が描かれているのか。それとも、あらゆる家族についての思考（フロイトのそれをはじめとして）が潜在的・顕在的にそうであるように、そこにはヘーゲル自身の「ファミリー・ロマンス」が反映されているのか。そしてさらに、この〈父性〉の問題系に対して、ジャン・ジュネの系譜はどのような関係にあるのか。その〈母性〉の問題系は、ヘーゲルに対置されるときいったいどのような効果をもたらすのか。さしあたり、われわれが引き受けるべき問いは、そのようなものである。

（だがさらに、括弧を開いて言えば、この「ヘーゲルにおける家族概念」のもとには、ある私的な情動が刻みつけられている。それは著者デリダその人の父との関係である。ジャック・デリダは、父エメ・デリダを一九七〇年一〇月一八日に亡くす。ジャックが高等師範学校でのセミネール「ヘーゲルの家族」を講じるのは、その翌年一九七一―一九七二年度である。そして、そのセミネールを左側の欄＝柱に取り込んだ『弔鐘』が出版されるのは、一九七四年であり、七四年＝七四歳とはエメ・デリダの享年である。つまり、『弔鐘』はジャック・デリダがみずからの父の死を悼みつつ、それを契機としてヘーゲルに代表されるヨーロッパ哲学における〈父性〉原理に問いかけ、その弔いの鐘を鳴らす作業だったのである。のみならず、七四歳は、二〇〇四年に逝去するジャック・デリダの享年とまったく同じである。しかも、二人の死因は同じ膵臓癌であった。ここには、ただ無意識のみが現実化し得る、正確な符合がある)。

『アンティゴネー』の物語はその大筋のみを辿るかぎり、さほど複雑ではない。オイディプス王の死後、テーバイの支配権をめぐって、アンティゴネーの二人の兄、エテオクレースとポリュネイケースが戦を交え、互いに殺し合い、ともに斃れる。ところが国王クレオーン(アンティゴネーの叔父)は、この二人の死者のうち、前者については、その名誉を称え手厚く葬ることを宣言するが、後者については、不忠の輩であり、「父祖の土地」や「一族の崇めまつる神々の社」を破壊し「市民を奴隷にせんと欲した」だけだと決めつけ、それを埋葬し弔うことを禁ずる布告を発する――「ポリュネイケース〔…〕、／彼奴《きゃつ》めに対しては、国じゅうに触れを発したぞ、／弔うべからず、哀悼の意を表すべからず、／骸は埋葬せずに放置して、野鳥野犬の食らうにまかせ／見るも無残な姿をさらすべし(11)」。クレオーンのこの禁令に対して、アンティゴネーはただ一人反抗する。彼女は、妹としての倫理的感情から、したがって国王クレオーンの発する都市国家《ポリス》の掟に家族《オイコス》の掟を対置することにより、禁令を破ってポリュネイケースの亡骸に弔いの砂をかける。それは、クレオーンによる恣意的な掟の設定への不信の表明であり、みずからの信ずる高位の神々の掟を尊重することにほかならなかった——

アンティゴネー　ゼウス様があのようなお触れをお出しになったわけではさらさらなく、
地下の神々と共におわすディケー〔正義〕様が、
人間界にかような掟をお定めになったわけでもない。
殿様のお触れと申しても、殿様も所詮死すべき人の身ならば、
文字にこそ記されてはいないが確固不抜の神々の掟に
優先するものではないと、そう考えたのです[12]。

しかし、その結果、アンティゴネーは捕えられ、王の命令により洞窟へ幽閉されることになる。他方、この処罰を目にして、クレオーンの息子でありアンティゴネーの婚約者であるハイモーンは、世論がアンティゴネーの行為を称賛していることを伝えて、父に激しく抗議し、対立する。クレオーンは、はじめ「法に違反し法を曲げる輩《やから》、／支配者をば指図せんなどと考える者、／かような者をわしは容認するわけには行かぬ」と言い、「秩序ある統制」を「もり立てねば」ならず、「絶対に女に負けてはならぬのだ[13]」と高圧的な姿勢を崩さず、ハイモーンと決裂する。ところが、予言者ティレイシアースの警告（「殿御自身の血肉を分けた御子の一人を、屍として、／屍の償いに差し

出さねばならぬことになる[14]」に耳を傾けたクレオーンは、最終的にアンティゴネーの幽閉を解く決心をする。しかし、刻はすでに遅い。アンティゴネーは洞窟の中で首を吊ってしまい、その光景を目の当たりにしたハイモーンもまたみずから命を絶つ。こうしてクレオーンはみずからの定立した掟が惹き起こした悲劇を前にして、絶対的な悲嘆の中へ孤独に追放されるのである。

ヘーゲルがこの古典悲劇に『精神現象学』(一八〇七年)をはじめとして随所で言及し、その概念形成と論理展開の重要な参照項としていることはよく知られている。『精神現象学』において『アンティゴネー』がとりわけ集中的に言及されるのは、その「D　精神－六　精神－A　真の精神、人倫」の章である。ヘーゲルはここで「人倫〔Sittlichkeit〕」概念の位置と生成を、都市国家《ポリス》の法と家族の法、人間の掟と神々の掟、一般的なものと特殊なもののあいだにおける矛盾・対立とその帰趨をとおして描き出している。

ヘーゲルはまず、エテオクレースとポリュネイケースの二人の死について、前者はその死が「個人が、そのままで、共同体のために引き受けた完結態」であるかぎりにおいて「最高の労働」であると言い、それに対して後者の死は「個人が本質的に個別者であるかぎり」「偶然のこと」であり「抽象的な否定性[15]」にとどまると言う。家族的人倫の概念が重要になるのはこのときである。ポリュネイケースの死という「否定性」は「それ自体自身では、慰めもなく和解もないもの」であり「本質的には慰めや和解を、現実的な外からの行動を通じて受けとるよりほかない[16]」。それゆえにこそ、「血族」は「血のつながる死者を破壊から奪い返し」「抽象的自然的な運動(死)を補う」必要がある。すなわち、家庭《オイコス》から離れて、クレオーンが定めた都市国家《ポリス》の法のもとに遺棄された兄の亡骸に砂をかけ弔うアンティゴネーの行為こそは、「意識を持たぬ欲望や抽象的な存在者」が「死者を汚す」ことを阻み、「その代わりに自分の行為(埋葬)を置いて、血のつながる死者を大地の懐に入れて」やることで、死者を「原本的な不滅の個人態に返し」「一共同体の仲間」(17)にする、すぐれて人倫的行為なのである。けれども、「神々の掟の完結」であり「個々人に対する積極的な人倫的行為」である「この最後の義務」(18)は、それが純粋であればあるほど、もう一方の義務、すなわち都市国家《ポリス》の法が課す義務と激しく対立することになる。一人の死者をめぐるクレオーンとアンティゴネーの闘いは、それぞれが倫理的実体の二つの極を体現しているがゆえに、両者をともに破滅に導くのである――

だが、人倫的意識が、掟と自分の対抗する威力とを前もって知っており、その威力を暴力であり不正であり人倫的偶然であると考え、アンティゴネーのように、それと知って罪を犯す場合には、その人倫的意識はいっそう完全であり、その罪責もいっそう純粋である。

〔…〕

人倫的な二つの威力相互の、またこの威力を命として行動に移す個人相互の運動は、両者が同じように没落を経験するときに至って、はじめて真の終局に達するのである。

〔…〕

両者がともに倒れるときはじめて、絶対的正義が果たされるのであり、両者を呑み込む否定的威力としての、言い換えれば、全能で公正な運命としての人倫的実体が姿を現しているのである(19)。

ところで、「人倫」概念をめぐる記述の中にアンティゴネーはこうして特権的参照項として召喚されているわけだが、その役割は「人倫」概念一般を説明する際のたんなる実例＝範例にとどまるものではない。ヘーゲルは明らかにアンティゴネーのうちに、その「妹」という形象のうちに排他的に重要な何かを見ており、そのことがときとしてヘーゲルの記述の中に決して一般化され得ない特異点を刻ませているように見えるのである。デリダが『弔鐘』において介入するのは、まさにその地点にである。

デリダは、右に引いた悲劇の弁証法に関するくだりの直後に置かれたヘーゲルによる「親族の基本的諸構造」の「検証」を再検証することから始める——

> ヘーゲルはここで親族の基本的諸構造を検証している。彼の分類は限定されたものに見える。彼は、その歴史的、社会学的、民族学的モデルを、つまりは西洋ギリシア的家族を正当化しない。家族のうちで、彼が考察するのはただ、ある制限された数の要素と関係のみなのである。すなわち、夫／妻、両親／子供たち、兄／妹がそれだ(20)。

実際、ヘーゲルは祖父母も、叔父・伯父たちも、叔母・伯母たちも、従兄弟・従姉妹たちも考慮に入れておらず、「兄弟姉妹のあり得べき複数性」さえも排除し、右の三つの関係だけを「根本的で還元不可能」なものと見なしている。そして彼は、この三つを段階的なヒエラルキーに分けるのだが、その際の基準は「性的欲望を静めること、それどころか厳密に無化すること」に求められている。「夫／妻」のあいだにあるのは「最も自然で最も無媒介的な承認の関係」であり、第三者を必要としないそこには「原理的に婚姻が禁圧することのない欲望」がある。ついで「両親／子供たち」はどうか。この関係は「一つの媒介を前提＝先行措定」する。すなわち、「夫婦の欲望（自然で無媒介的な）における精神のイメージ（*Bild*）ないし先取り的表象（*Vorstellung*）に過ぎなかったものが、精神の現実性となる」のが、親が子を持つという関係である。これは先の基準に照らして「一つの進歩」ではある。しかし、この「二つの関係には共通の限界がある」とヘーゲルは言う。それはこの二つの関係において「はかなく不平等な敬愛〔*piété*〕が問題である」からである。「配偶者間の相互的敬愛」は「感覚的で自然なもの」にとどまっており、「精神としておのれ自身へ立ち戻ることはない」。両親と子供たちの相互的敬愛においても、「ある種の自然な偶然性」は還元されずに残る。関係はそこではなお「ある非‐回帰の残滓によって影響を被っている」。すなわち、子供の現実性は「それが固有のもの（*eigene*）であり、それ自身に固有のものである」がゆえに、親にとってはすでに「異質なもの（*fremde*）」である。「精液」が「源泉へ遡ることはなく、もはや循環しない」のと同様に、「両親に対する子供たちの敬愛」は「同じ切断を刻印されている」。子供は「その放出の場からみずからを切り離すことによってみずからが対自存在に達することを知っている」のである。ヘーゲル＝デリダはこうしたすべてを要約して言う――「この二つの関係は、いまだあまりに自然的であり、非対称的であって、はかないもの（*Übergehen*）、不均衡で不平等なもの（*Ungleichheit*）のうちで興奮する。それは、欲望が精液の放出の中で誘発されるということである[21]」。

そこから、「兄と妹のあいだの絆の無限の優越性」が由来する、とデリダは書く。家族の関係の中で唯一「兄／妹」だけが「あらゆる欲望を絶対的に宙吊り」にし得るのであり、かつ、この二人の意識だけが、ヘーゲルの宇宙の中で、承認のための「闘争に入ることなしに互いに関係し合う[22]」ことができるのである。妹において「性的差異はそれとして措定されているが、それでいて欲望はなしに」であり、女性性は「妻、母、あるいは娘としてよりも、はるかに妹としてより良く高められる[23]」のだ。ヘーゲルの名高い一文が告げているのは、ただそのことのみであるだろう――

それゆえ、女性は妹であるとき、人倫的本質を最も高く予感している[24]。

だが、ここまで来てわれわれは、ある種の居心地の悪さないし不可解さの感情に襲われる。「この永遠の妹という性質のうちにみずからを固定し、捉え、凍えさせ、変貌させる[25]」アンティゴネー、最も高い女性性をそなえており、しかし一切の性的欲望を欠いた存在としてのアンティゴネー――なぜヘーゲルは彼女にかくも特別な位置を与え、範例化するのか。この「親族の基本的諸構造」の分類と記述は、水も漏らさぬ厳密な体系の思考者たるヘーゲルらしからぬ仕方で偏向している。ヘーゲルは明らかにアンティゴネーに魅惑されているのだ。事実、デリダがすぐ先のところで指摘しているとおり、ヘーゲルはその『美学』の終わり近くでつぎのように書いている――「古典古代と近代世界のあらゆる傑作群のうち――私はそれらをほとんどすべて知っており、また各人はそれらを知るべきであり知ることができるが――、アンティゴネーこそは、この視点からするとき、およそ最も讃嘆すべき（*vortrefflichste*）、およそ最も心安らぐ（*befriedigendste*）芸術作品であると私には思われる[26]」。「異様な表明だ」とデリダは言う。実際、ヘーゲルが一人称で語り、個人的読書体験をほのめかし、読者に助言さえするような言表はきわめて稀である。いったい何が起きているのか？「この接ぎ木は、ある同化し得ぬ構造をそなえていると思われる[27]」――

一つのテクストにおける、ある不可能な場をめぐる、焦点化の効果。体系のうちに受け容れ得ぬ一つの形姿による魅惑。一つの分類不可能なるものへの目くるめく執着。そしてもし、同化し得ぬもの、絶対に消化し得ぬものが、体系内においてある根本的な役割を演じているのだとしたら――それもむしろ深淵状に、ほとんど超越論的なある役割を演じ、一種の臭気、ある安らぎへの夢として、体系のうえにみずからが形づくられるにまかせる、そんな深淵の役割を？　それはつねに、体系の可能性の空間を保証する、体系から排除される一要素なのではなかろうか？　超越論的なるものはつねに、厳密に、超カテゴリー的なるもの、すなわち、体系に内在するいかなる諸カテゴリーの中にも受け容れられ得ず、形成され得ず、完了され得ることのなかったものである。体系が吐き出したもの。そしてもし、妹が、兄／妹という関係が、ここでは、超越論的位置を、超越論的位置－外を表象しているのだとしたら？[28]

「親族の基本的諸構造」を、そのあり得べき整序化された体系から逸脱したものに変質させ、体系内に同化し得ず消化し得ぬものとして、体系から排除されることによって体系の可能性を保証する、そんな逆説的な「超越論的位置－外」、すなわち「体系が吐き出したもの」――アンティゴネーとは、そのような例外者の名である。そもそもアンティゴネーの血縁関係は、規範的なそれではまったくなかった。アンティゴネーはオイディプス王の娘である。ところでオイディプス王とは、みずからの母イオカステーと（それと知らずに）交わった男であり、その近親相姦から生まれたアンティゴネーから見れば、オイディプスとは「父」であり、かつ「兄」でもある。またイオカステーは、実のところ「祖母」でもあり、さらにアンティゴネーの二人の兄エテオクレースとポリュネイケースはと言えば、「父」＝「兄」であるオイディプスの息子であるからには、アンティゴネーにとっては「甥」でもある。したがってここには、「父－母－子」という家族の三角形、すなわち、ヘーゲル的止揚の論理に適合して行なわれる再生産と諸世代の構成の代わりに、「父」と「母」それぞれの分割が、そしてそれに起因する「兄」と「甥」の決定不可能性がある。この親族の基本構造は斜めにずれた四角形からなっているのだ。ヘーゲル的〈三〉の原理に抗するアンティゴネーの〈四〉の論理。アンティゴネーはまさに、単一の父から始まらない系譜の中、「雑種混交的＝私生児的」なものたちの錯綜し多重化された系譜の中にいるのである（この点においても、『弔鐘』はデリダの戦略が最も鮮明に読まれるテクストである。ヘーゲル的弁証法が〈三〉によって稼働する思考であり、それに対してデリダ的散種は〈四〉をその原理とする。このいっけん単純な数の置換のうちには、実のところ、西洋形而上学の全伝統に微細だが決定的な亀裂を入れる効果が潜んでいる。キリスト教における〈父と子と聖霊〉の三位一体から、ラカンにおける〈象徴界－想像界－現実界〉の三界構成論、そして象徴界の構築に際して特権的シニフィアンたるファロスがそなえている諸シニフィアンのカオス的対立を高位の第三項へ止揚する力に至るまで、〈三〉はわれわれの思考の歴史に根深く棲みついている数なのである）。

　にもかかわらず、ヘーゲルはこの系譜の特異性をまったく考慮しない。「あたかも親族の基本的諸構造にとってそれが異物であるかのように、この余分な世代についてヘーゲルは決して語らない」[29]のだ。その代わりにヘーゲルは何を強調するか。それは、兄の代替不可能性である。ヘーゲルによれば「母と妻という関係」は、一方では「快楽に帰せられる自然的なもの」であり、他方では「この関係の中で、自分が消えゆくにすぎないことを認めるような、否定的なもの」であり、それゆえにそれらは「別のものに取って代わられ得るような偶然的なもの」である（「人倫のうちに住んでいるとき、女性のこれらの関係が根拠を置いているのは、この夫でも、この子供でもなく、夫一般子供一般であって、感覚ではなく一般者である」)。それに対して「兄は妹にとって、もともと安定したもの、互いに等しいものであり、兄のうちに妹が自分を認めるときも純粋であり、自然な関係を混じえていない」のであって、この関係の中には「人倫的に偶然だということは存在しない」——

というのも、この関係は血縁の均衡と欲望のない関係とに結びついているからである。だから兄を失うことは、妹にとって償い得ないことであり、兄に対する妹の義務は最高のものである。[30]

このくだりを注釈しつつ、デリダは言う——「いったいどこから彼は、兄が代替不可能だなどということを持ち出してきたのか？　むろん、アンティゴネーの口からである。彼女は名指されてはいないが、これらの言表を口述しているのだ」——「だが、兄が代替不可能であるのはただ、あるきわめて限定された経験的状況においてのみ、すなわちアンティゴネーの両親の死という事実によって限定された状況においてのみである。人はつぎのように言うだろうか——ヘーゲルは数ある悲劇の歴史におけるある特定のテクストに描かれた一つの経験的状況を、構造的かつパラダイム上の合法性に変容させてしまったのだ、と？　そしてそのことは、ある謎めいた大義——あるいは一人の妹——が必要としたためなのだろうか？[31]」

「ある謎めいた大義」――ここに至ってわれわれは、ヘーゲルの伝記的事実の参照へと誘《いざな》われる。われわれが読んできた『精神現象学』の詳細なパラフレーズの途中には、ドイツ観念論創成期以来のヘーゲルの生涯の友人フリードリッヒ・イマヌエル・ニートハンマー宛て、婚約者マリー宛て、ヘーゲルの両親の家に寄宿していた若い娘ナネット宛てのそれぞれ長大な手紙が挿入されていたが、もう一人、ヘーゲルの妹クリスティアーネ(Christiane)宛ての手紙もまた長文が引用されている。クリスティアーネにはヘーゲルの他にもう一人の兄ゲオルク・ルードヴィッヒ・ヘーゲルがいたが、軍人であった彼は、一八一二年にロシア戦線で死亡する。ヘーゲルは一八一四年に生まれたみずからの二人目の息子を「トマ・イマヌエル・クリスティアン(Christian)」と命名するほど、この妹に深い愛情を注いでいた。ところがクリスティアーネは、同じ一八一四年頃から「神経障害」を患い、一八二〇年には精神病院に収容され、ついでF・W・J・シェリングの弟である医師カール・エバーハルト・シェリングを主治医として治療を受けるが、最終的に一八三二年、兄ヘーゲルの死の直後にみずから命を絶つ。

哲学者の実人生がただちにその著作に反映されるとは一般的に考えにくいし、そのように考えることは素朴な実証主義に陥りかねない。とりわけ、きわめて高度な概念の作業を特徴とするヘーゲルが問題になっているとき、事柄は慎重に扱われねばなるまい。そのことを言ったうえで、しかし、右に見た「親族の基本的諸構造」における奇妙に簡略化され偏向した図式を再検証するとき、そしてそれに続いてヘーゲルが「人倫」的価値の体現者として「妹」に排他的重要性を割り当てるのを目にするとき、ヘーゲルのペンと眼差しをクリスティアーネが導いていると見なすことは不可能ではないだろう。『精神現象学』の哲学者は、アンティゴネーの形姿にクリスティアーネを重ね合わせている——そう仮定するとき、われわれは事柄を総体的に把握することができるだろう。「女性は、妹であるとき、人倫的本質を最も高く予感している」というテーゼは、「アンティゴネー＝クリスティアーネは、人倫的本質を最も高く予感している」と翻訳され得るのだ。

そうだとすれば、「ヘーゲルにおける家族概念」を支配する「法」は、さまざまな矛盾対立が葛藤と闘争を経て止揚される弁証法的運動による体系構築、世代を再生産し目的論的に継起していく系譜の形成というヘーゲルみずからの論理に忠実なものではないだろう。そうではなくその「法」は、「兄／妹」を置換不可能な特異点として陥没してゆく、反‐弁証法的深淵を運命とする異形なるものとなることだろう。ヘーゲルの家族概念において、「兄／妹の関係は一つの限界である」とデリダは言う——

兄／妹の関係は一つの限界である。それ自体としての家族は、そこにおのれ自身の限界(*Grenze*)を見出し、そこにおいてみずからを囲繞する。その関係なしには、家族はみずからを限定できないだろうし、みずからがそれであるところのものであることもできはしないだろう。その関係とともにでも、事は同じである。〔…〕兄／妹の関係とともに、家族はそれ自身によって超過されるのである。「それはそれ自身で崩壊し、それ自身で外へ出ていく」。家族は、この限界においてみずからを解消するのだ——ちょうど無にして無限の終わりなき時間における一つの点のように、同時に感覚的かつ無感覚的な仕方で、その家族の中に入っていくものがそれ自体から外へ出ていくまさにその瞬間に。(32)

一つの限界を止揚すること、それはその限界を保持することだが、保持すること(一つの限界を)はここでは失うことである。失われるものを保持すること、それは欠くことである。*Aufhebung*〔止揚〕の論理は、一瞬ごとにその絶対的他者のほうへ振り返る。絶対的な自己固有化は絶対的な脱自己固有化なのだ。存在-論はつねに、留保なき喪失ないし留保なき消費の論理として再読され再記述され得るのである。(33)

ところで、われわれはこれまで「ヘーゲルにおける家族概念」に関する記述のみを辿り、それと並行して走る右側の欄=柱は一貫して読まずにきた。だが、実のところ、そこにはつねに《glas》が鳴り響いていた。とりわけ、左側の欄=柱で「永遠の妹」たるアンティゴネーが、ヘーゲルにおいて人倫的本質の最高の体現者として位置づけられていることを指摘した直後、デリダが十数ページにわたってヘーゲルの書簡を引用するまさにその箇所で、《glas》をめぐる記述が右側の欄=柱に現れるのである——

つねに――すでに――ひとつならずの――弔鐘〔glas〕がある。(34)

弔鐘〔glas〕を「複数的な単数＝特異なるもの」として読まねばならぬ（二重の会〔la double séance〕における金〔or〕の下落）。弔鐘は、その破片をみずからのうちに持っている。それは悲しみ、この字義どおりの損害が起きるやただちに鳴り響く。(35)

ここでの「弔鐘」はいったい何を言わんとして〔vouloir dire〕いるのか？　否、《glas》はどんな意義作用〔vouloir dire〕にも還元されぬ、しかしそのつど高い情動を充塡された「語」なのであってみれば、この《glas》が招き寄せているコンテクスト、《glas》がその中で効果を発揮するコンテクストを確認する必要がある。それはひと言でいえば「父性〔paternité〕」の権能に対する「母性」の非－権能とでも言うべき力、系譜学上の、そしてテクストないしエクリチュールの作者たる資格〔paternité〕に関する「父／母」の絶対的に非－対称的な関係である――

遺伝学的＝発生論的な単数性＝特異性のことではない。私はここでいかなる特異なテクスト、いかなる模倣不可能な署名を（について）書いているのでもない。人も知るように、父権＝作者の資格〔paternité〕が付与されるのはつねに、ある訴訟の末、ある判決の形式においてである。したがって、ある一般性の形式において。だが母は？　とりわけ父なしで済ます母はどうか？

ある純粋な系譜を、純粋に特異で、無媒介的に特有語法的な系譜を、人はそこから期待し得るのではなかろうか？　固有なるものは、究極的には、母に由来するのではなかろうか？(36)

彼女が打ち鳴らす弔鐘〔glas〕も同様である。母は泥棒であり乞食女である。彼女はすべてを我が物とする＝自己固有化するが、しかしそれは彼女が何一つ固有なるものを持っていないからである。彼女は、愛し／憎むべきものを与え／奪うが、しかし彼女は何ものでもない。ここでもまた銀河系＝乳状の〔galactique〕法が働いているが、それは抵抗するため、弁証法の、現象学の、存在論の法の働きに抵抗するためなのだ。(37)

ここでは、ヘーゲル的「父性」のあらゆる働きに対するその死の宣告が「母」の側からなされている。「父性」の止揚し体系を構築する力が、みずからを起源として系譜を作る力が、そしてテクスト・エクリチュール・作品にその名＝「父－の－名」を記すことによって固有性＝所有権を主張する力が、ここではことごとく問題化されている。この場合の「母」とは、むろん「父」と対をなす性ではない。すなわち、結局のところ「父性」を補完し、支え、そして次世代の再生産に資するような性が名指されているのではない。そうではなく、この「母」は「父なしで済ます母」であり、愛すべきもの／憎むべきものを与えかつ奪う存在でありつつ、それ自身では「何ものでもない」。絶対的な非－固有性としての「母」。したがって、この「母」の非－権能の諸効果を受け取るとき、

「父」は弁証法的にそれを取り込むことも止揚することもできず、自壊してゆくことになる。

ここ、正確にこの地点において、アンティゴネーはこの「母」と互いに響き合う。オイディプスとイオカステーの近親相姦から生まれたがゆえに「親族の基本的諸構造」における例外者であり、家族の規範的系譜の中には場所を持たず、しかし「分類不可能性」という「超越論的位置‐外」において、「体系の可能性の空間を保証」しつつ「体系から排除される一要素」であるアンティゴネーは、体系を攪乱し、非‐対称的に介入し、宙吊りにするその力において、この「母」の鏡像的分身である。「永遠の妹」と非‐固有性そのものである「母」のカップルが、同時に、代わる代わる打ち鳴らす、ヘーゲル的「父性」の弁証法に対する弔いの鐘……。

だが、こうしてヘーゲル哲学の死が起きたということになるとしても、われわれ（この人称自体すぐれてヘーゲル的なものだ）はこれ以後、いったいどのような時間を生きることになるのだろうか。どのような歴史を？　デリダは、いわば斜めからこう答えている――

> *Sa*〔絶対知〕なき歴史の終わり。*Sa* は妹のもとへは回帰し得ない。父になら、母になら、息子になら、おそらくは回帰し得る、だが妹にだけは。
>
> 〔…〕
>
> ヘーゲルと同様に、われわれもまたアンティゴネーに魅惑されてきた――あの信じがたい関係によって、あの欲望なき強い結びつきによって、あの巨大な不可能なる欲望によって。この

欲望は生きることができなかった、この欲望に可能なのはただ、一つの体系と一つの歴史を転覆させ、麻痺させ、あるいは凌駕することだけ、概念の生を中断させ、その息を詰まらせることだけ、あるいは同じことに帰着するが、一つのクリプトという外部ないし下部から発して概念を支えることだけなのである。(38)

体系と歴史の転覆、そして概念の生の中断——そのとき残るのは、まさしく哲学の灰あるいは灰としての哲学である。この出来事に署名するのは、署名できるのは、いったい誰か。

第Ⅳ部

主権について

第一章　絶対的歓待の今日そして明日——精神分析の政治‐倫理学

《歓待は、自己固有性＝所有権に先立つ。》

——ジャック・デリダ『アデュー——エマニュエル・レヴィナスへ』(1)

《このアポリアに順応せねばならぬ——有限にして死すべき者であるわれわれが真っ先にその中に投げ込まれており、それなしにはいかなる道の約束もなくなるだろう、このアポリアに。応答することから始める必要があるのだ。》

——同右(2)

一九九〇年代に顕著になったデリダのいわゆる「倫理学的‐政治学的転回」以降の問題系のうち、歓待はいくつかの点で最重要に位置づけられる問題系である。何よりもまず、現代社会のアクチュアリティとの関わりにおいて、この問いは優先される。

ここで賭けられているのは、むろん、移民・難民問題である。一つの国民国家が、あるいは諸国家からなる共同体が、外部からやって来る他者を、それも「グローバル化」した世界の中でみずからがその発生に政治的に関与していないとは言えない、しかしまったく異質な文化的背景を持つ他者たちの到来をいかに受け容れるか。本来の住処を失い、迫害あるいは追放され、文字どおり生存をかけて他国への境界の扉を叩く他者たちを、別の主権国家がいかにして受け容れ、その生存を保証し、その未来の可能性を約束するか。ここには、現在の世界情勢がつきつける喫緊の課題がある。とりわけEU諸国にとって、二〇一五年から現在(二〇一六年八月)まで続く時間は、この問題が一挙に、かつ厖大な規模で立ち現れた危機の時間として、まさに今われわれの眼前にある。

二〇一一年一月末、反アサド政権派とそれを制圧しようとする政権側とのあいだで激しい武力衝突が起きた。シリア内戦の始まりである。当初この内戦は、多数派のスンニ派を支配するアサド政権(シーア派に属するアラウィー派)に対する反体制運動であり、その特殊な独裁体制の転覆を目指す市民革命であった。しかし、この市民革命が、やがて中東諸国を巻き込んだスンニ派対シーア派の大規模な宗教的代理戦争へと拡大し、また合衆国およびEU諸国が反体制市民側への武器供与などの支援をすることで、国土全体が戦乱状態と化していった。そして事態を決定的に混乱させたのが、イラク戦争の巨大な負の産物と言える「イスラム国＝IS」の参入である。主権国家ではない、欧米諸国にとっての非‐対称的「テロ組織」であるISがシリアを実効支配するに至って、合衆国およびEU諸国はシリアへの空爆を開始した。二〇一四年八月にまず合衆国が、ついで九月にはサウジアラビア、アラブ首長国連邦、ヨルダン、バーレーン、カタールの中東五ヵ国、およびオランダ、ベルギー、デンマーク、イギリス、一〇月にはオーストラリア、カナダのいわゆる有志連合諸国が、あいついで「テロ組織」たるISへの空爆に踏み切った(その後、二〇一五年九月にはそれまでイラク領内だけを標的としていたフランスが、そして最終的にはロシアがシリアへの空爆を開始した)。その結果はどうなったか。市民革命とそれを支援する欧米諸国という当初の構図からは完全に乖離した、あきらかにアフガニスタン戦争・イラク戦争からの状況の転移である非 - 対称型の「対テロ戦争」の現場にシリアはなり、国土全域が民族・宗教戦争と「対テロ戦争」が絡み合った終わりの見えない混乱に陥ってしまったのである。

夥しい人々が難民と化した。約二二〇〇万人の人口のうち、四〇〇万人以上が国外へ逃れた。その目的地はEU諸国である。だが、従来、移民・難民の受け容れに積極的であったはずのEU諸国が、その数のあまりの厖大さを前にして次第に受け容れ抑制へと政策を転換させていった。二〇一五年九月末、EUはそれ以後二年間で一六万人の難民を受け容れ、加盟諸国で分担することを決定した。だが、負担の大きさを懸念した中東欧諸国ははじめから難色を示し、事実、九月一四日以降、受け容れ先進国たるドイツへの通過国であるハンガリーは対セルビア国境、対クロアチア国境を漸進的に封鎖し、スロベニアもまた入国者を制限した。当のドイツでも九月だけで二〇一四年一年分を上回る約三〇万人が入国し、二〇一五年中に過去最高の八〇万人が難民申請をするという事態に直面し、難民受け容れのイニシアティヴを取ってきたメルケル首相がその支持率を急速に下げる結果となった。

この抑制への流れを決定的にしたのが、一一月一三日のパリ同時テロ事件である。オランド大統領は事件直後の国民への呼びかけの中で「われわれは戦争状態にある」と宣言し、犯行をISによるものと断定し、フランス国民に事件の背景にあるイスラーム社会への警戒を強めさせることになった。この事件を最大限に利用したのがフランスの極右政党「国民戦線」の党首マリーヌ・ル・ペンである。難民受け容れ分担決定の際に「ヨーロッパは寛容さを発揮している」と述べたヴァルス首相とは正反対に、「主権の回復」を訴え「愛国」を呼びかけ、EUという共同体の理念そのものに異論を唱え、共通通貨ユーロを破棄してフランス通貨フランと国境の壁を復活させることを公然と主張するル・ペンは、一二月のフランス地方選挙第一回投票で一三選挙区のうち六つで首位に立った(しかし、「国民戦線」は決選投票ではいずれの選挙区でも第一党の座を逃した――これはフランス国民がポピュリズムに流されるだけでなく、一定のバランス感覚を発揮した結果と言える)。ル・ペンの主張は極端であるにしても、しかし、難民の大量流入とパリの同時テロ事件という現実を受けて、EU諸国間の基本協定であるシェンゲン協定の見直し論、すなわち、国境でのパスポート・コントロールをなくし移動の自由を保障する制度そのものを見直すという議論すら内務大臣理事会レベルで行なわれるようになった。そして、二〇一五年のEU加盟国における難民申請者数が過去最高の一二五万人(出身国はシリアが約三六万三〇〇〇人＝二九%、アフガニスタンが約一七万八〇〇〇人＝一四%、イラクが約一二万二〇〇〇人＝一〇%)を超えるに至って、ついに二〇一六年三月、EUとトルコのあいだで、ギリシア経由でEU圏に入国しようとする難民をトルコへ送還するという抑制策が合意された。この合意により、ギリシアから受け容れ先進国への難民の移動は事実上不可能となった。「寛容の精神」が現実を前にして敗北した瞬間である。(3)

こうした現実のすべてを考慮して、われわれはなおも古代ローマ以来の「客人歓待」の掟を尊重することができるだろうか。はたしてわれわれは「絶対的歓待」という概念を維持し続けることができるだろうか。否、結論を急いではならない。われわれとしては、むしろこのような現実の試練にこそ「歓待」の概念を晒す必要があると考える。だが、どこから議論を始めるべきか。

「寛容の精神」の敗北と言った。だがデリダはまさに、寛容と歓待を峻別することから始めている。ジョバンナ・ボッラドリとの対話「自己免疫性、現実的自殺と象徴的自殺」(4)の中でデリダは、「あなたが世界化と呼んでいるものと寛容とのあいだには、いったいどのような関係があるのでしょうか？」という問いに対して、この時代の不寛容と闘うためには、「ヴォルテールからゾラへあるいはサルトルへ、のみならず他の多くの人々へと続く、ヨーロッパおよび他処における、不寛容に対するあらゆる闘いの見事な実例を称賛し、研究し、教える必要があるとしても」それだけでは充分ではない、と応える。「寛容の理念が最初にその中で形姿を成した風景」が変貌してしまった現在、「緊急の責務」は「同じ諸条件ないし同じ公理系には今日もはや準拠していないものを分析しようと試みることに存する」のだ、と。そしてデリダは「不寛容の表明よりは寛容の表明のほうを好む」とはいえ、「寛容という言葉とその言葉が組織する言説」に対してはつねに一定の留保をつけざるを得ない、と続ける。なぜか。それは、そのような言説が「宗教的な根を持つ言説であり、ほとんどの場合、権力の側で、それもつねになんらかの恩着せがましい譲歩をともなって紡がれる言説」(5)だからである。「寛容」が何よりも「キリスト教的慈悲」であることを強調した後で、デリダはさらに続ける――「寛容はつねに「強者の理性」の側にあり、それは主権を代補する刻印なのです。すなわち、それは主権の善良なる顔であり、この主権たるや、その高みから、他者へつぎのように通告するのです――私は汝を生かしておいてやる、汝は我慢がならないわけではない、私は我が家に汝のための場所を残しておく、だが忘れるな、ここは我が家なのだ、と」(6)。この言葉を聞いたボッラドリが「寛容は歓待の一つの条件であると誰かに言われたら、あなたは同意なさいますか?」と問いかける。デリダの答えは「否」である。それどころか、「寛容は歓待の反対物です」とデリダはきっぱりと断言する――「もし自分が寛容だから歓待的であると考えるとしたら、それは私が自分の迎え入れを制限することに執着するから、権力を保持し、私の「我が家」の、私の主権の、つまりは私の「われ能う」の限界(私の領土、私の家、私の言語、私の文化、私の宗教、等々)をコントロールすることに執着するからです」(7)。そして最終的にデリダはこう結論づける――「寛容とは、用心深く慎重な、ある条件つきの歓待」であり、「寛容は、主権の吝嗇で嫉妬深い監視のもとで、監視つきの歓待にとどまるのです」と(8)。

すでにわれわれは問題の核心部にいる。寛容の持つ宗教的な根、それがつねに「強者の理性」から発する結局は尊大な施しであること、とりわけ主権がみずからの権能を保持しつつ、その諸限界をコントロールする力が損なわれない範囲内においてのみ与える条件つきのものであること、したがって、寛容と歓待のあいだには埋めがたい隔たりがあるということ……。だがそれでは、寛容から峻別されるべき歓待、その名に値する歓待とはいったいどのようなものか。いくつもの思考すべきパラドックス、明確化すべきアポリアがある。

第一に、歓待＝«hospitalité»という概念とそれを構成する関連語群が与えてくれる思考の通路がある。歓待の場面には、つねに歓待する「主人」と歓待される「客人」がいるわけだが、フランス語において両者はいずれも«hôte»の一語で表現される。ここには、たんなる両義性を超えてわれわれの日常的信憑を揺るがす鍵が潜んでいる。エミール・バンヴェニストの語源的考察によれば(9)、フランス語の«hôte»はラテン語の«hostis»＝「異邦人・敵」および«hospes»＝「歓待を与える者・歓待を受ける者」に由来する。ここにすでに矛盾対立する意味の複数性がある点に留意しよう。しかるに、この語はさらに«hosti-pet-»へと遡及し得る。語のこの構成要素«-pet-»は、「同時にpot-, ラテン語 potis」および「-pt-(ラテン語 -pte, i-pse?)」に関連し、後者は「本来的に個人のアイデンティティを意味して」おり、家族集団の中で「すぐれて自分自身 ipse である主人」を意味している。またその動詞系列「pote est, potest」は「～できる」という意味を持ち、「能力・権力」を含意する。他方、«hostis»は、「原初的」には「代償＝埋め合わせによる平等性」、すなわち、「私の贈与を対抗贈与によって埋め合わせる者」を指し、したがってかつてはまったく逆の「客人」を意味していた。こうして«hosti-pet-»は、「すぐれて歓待を体現する者」を指すようになった。すなわち、歓待の場面における「私」という存在は、主人－客人、贈与－対抗贈与、敵－味方といった相反する意味作用すべてを担う、つねに両義的な誰かであるのだ。

この還元不可能なまったき両義性が、しかし、かならずしも語源への遡行を経ずとも、現象の注意深い省察だけによって明らかになることを、デリダはエマニュエル・レヴィナスの倫理学を分析しつつ語っている。デリダは「受け容れる主人」、「みずからを場の主人だと信じている迎え入れる主人」こそが、実は「自分自身の家に受け容れられた一人の客人」であるという掟、すなわち「歓待のあの仮借なき法」をめぐって、つぎのように書いている――

> 主人はみずからの差し出す歓待を自分自身の家〔sa propre maison〕の中で受け取る。すなわち、彼は自分自身の家から歓待を受け取るのである――実のところ彼に帰属しているのではない家から。ホストとしての主人はゲストなのだ。住処は、それ自身へと、本質なきその「本質」へと、「アジールの土地」としてみずからを開く。迎え入れる者こそが、何よりもまず我が家に迎え入れられている。招待する者こそが、その招待客によって招待されているのである。受け容れる者こそが受け容れられているのであり、彼は、ローゼンツヴァイクもまた想起させていた法にしたがえば、自分自身の家だと思っているものの中で、それどころか自分自身の土地のうえで、歓待を受け取るのである。(10)

ここには、カントがその『永遠平和のために』（一七九五年）の第三確定条項、すなわち「世界市民法は、普遍的歓待をもたらす諸条件に制限されなければならない(11)」を提示した直後に述べた世界市民の「訪問権」を踏まえ、さらにそれを「滞在権」へと拡張する思考がはっきりと定式化されている。カントは「人間はもともとだれひとりとして、地上のある場所にいることについて、他人より多くの権利を所有しているわけではない」という認識を前提として、「訪問の権利」を、すなわち外国人が「他国の土地で平和にふるまうかぎり、敵対的な扱いを受けることがあってはならない」(12)という権利の正当性を主張したわけだが、ここでローゼンツヴァイクとともにデリダが提言しているのは、いっそうラディカルな「起源における剝奪〔dépossession originaire〕」である。すなわち「「所有者〔propriétaire〕」からその所有物＝固有なるもの〔son propre〕そのものを収用〔expro-prier〕し、自己〔*ipse*〕からその自権性〔ipséité〕を収用することによって、我が家を通過の場ないしロケーションにしてしまう、そんな没収(13)」の原理的先行性がここでは問われているのである。

そして、この歓待の先行性ないし前‐起源性を認識するとき、すなわち、どんな主人もみずからがある場所を所有していると信ずる以前にその場所によって迎え入れられ、受け容れられ、したがって歓待を受け取っているという事実に目覚めるとき、「私」はその「自己〔ipse〕」を、その「自権性〔ipséité〕」そのものを疑問化することになるだろう。「歓待のあの仮借なき法」のもとにあるとき、人はすでにみずからの権力を確信した自己同一的主体であることはできず、みずからの根拠ないし支えとしての主権に訴えることもできない。そうではなく、そのとき「私」は「あらゆる招待以前に選ばれ、まるで他者の家でのように我が家に招待されかつ訪問される誰か」、「他者のもとの自己のもとにいる誰か、すなわち、与えられた――というよりもむしろ、あらゆる契約以前に貸し出され、支給され、前貸しされた自己の家の中、「借用に先立つ負債という時間錯誤性」の中にいる誰か[14]」と化すのである。

そして、歓待がその主人＝客人の両義性の中で、究極的には人に主体という地位に安住することを許さず、自己という存在様態がそれだけで身に帯びる権力の、すなわち「自権性」の自己解体を要請するとしたら、その名に値する歓待はそれが実行されるとき、そのことだけで、主権がその権能の範囲内で授ける慈悲としての寛容に対する根本的批判、最終的には主権という権力のあり方そのものへの根源的異議申し立てとなるだろう。

だが、このような歓待は、はたして現実の政治状況の中、現実の法権利の中に場を持つことがあり得るのか。人ははたしてみずからの「自己」を、「自権性」を根底から疑問化するような「誰か」となることが、あるいはそのような「誰か」として他者を迎え入れることができるだろうか。実際にEU諸国の現実が示したのは、その明白な不可能性ではなかったか。われわれは他者たちがみずからの領土内で「滞在権」どころか「訪問権」を行使することすらを拒否してしまったのではなかったか。

だがしかし、この不可能事にこそわれわれは向き合わなければならない、とデリダは言う。デリダは「待ち望まれも招待されてもいない誰に対しても前もって開かれており、絶対的に異質な訪問者として、同定不可能で予測不可能な到来者として、つまりはまったき他者として到来する誰に対しても前もって開かれている」そんな歓待を「純粋かつ無条件的な歓待[15]」と呼び、それが「実際には生きることの不可能なもの」であることを認め、のみならず「純粋な歓待のこのような概念が、いかなる法的あるいは政治的地位も持ち得ないことを充分に理解している」とも言いはする。だがそれは「純粋な歓待」概念を断念するためではまったくない。そうではなくそれは、その概念こそが「歓待一般」の可能性の条件であることを確認するためなのだ――「しかし、少なくともこの純粋かつ無条件的な歓待の思想、歓待そのものの思想なしには、人は歓待一般のいかなる概念をも持つことはできないでしょうし、条件つき歓待のいかなる規範（そのしきたり、その法的地位、その諸規範、その国家的あるいは国際的慣習の数々とともに）をも規定することさえできはしないでしょう」[16]。そしてデリダは、事柄をつぎのように厳密に定式化する――

これはパラドックスであり、アポリアです。すなわち、この二つの歓待は、同時に異質でありかつ分離不可能なのです。異質だと言うのは、われわれが一方から他方へ移行することができるのはただ、ある絶対的な跳躍によってのみ、すなわち、知と権力の、規範と規則の彼方への跳躍によってのみだからです。無条件的な歓待は、政治的なもの、法的なもの、それどころか倫理的なものに対しても超越的です。しかし、ここにこそ分離不可能性があるのですが、この歓待を実効性あるものにすることなしには、何か限定的なものを具体的に与えることなしには、私は扉を開けることはできず、他者の到来に身を晒すことはできず、他者に何であれ与えることはできないのです[17]。

したがって、歓待の問題における責任――政治的・法的・倫理的な――とは、無条件の歓待か、でなければ条件つきの歓待か、という二者択一のうちにあるのではなく、「二つの歓待、すなわち無条件的歓待と条件つき歓待とのあいだでのこの交渉」のうちにこそあり、それは「出来事のように、そのつど唯一無二」[18]なのである。そしてこの意味における「交渉」の賭札が、究極的には主権の脱構築にほかならないことをデリダは明言している――

> それ〔「この「脱構築」の運動」〕は、ある日、ある瞬間に、主権国家の廃絶という形態を取ることはないでしょう。そうではなく、それはいまだ予見不可能な長い一連の激動と変容を、いまだ未聞の主権の分有と制限を経由することになるでしょう。主権の分有という、つまり、主権の制限という観念そしてその実践的な発動さえもが、ずっと以前から受け容れられてきました。〔…〕主権の脱構築はそれゆえ始まっており、それは終わることはないでしょう。というのも、自律という価値や自由という価値、のみならず、法権利の観念そのものと切り離し得ない権力あるいは力という価値を、人はあっさりと放棄することはできず、また放棄すべきではないからです。無条件的な自-律〔*auto-nomie*〕(それは純粋なモラルの、主体の主権性の、解放や自由の理念等々の根拠です)と、私がお話ししたように、その名に値するあらゆる無条件的な歓待に課せられる、すなわち他者としての他者のあらゆる迎え入れに課せられる他-律〔*hétéro-nomie*〕とを、いかにして両立させるべきなのでしょうか?[19]

「主権の分有」、「主権の制限」――それはまさしくすでに久しく受け容れられてきた観念であり、ＥＵとはその壮大な実現であったし、今もあり続けている。この共同体においては、第一に、加盟諸国がその軍事的主権（の少なくとも一部）を共同体に譲渡することにより、加盟国間での戦争や武力紛争は回避できる構造がすでに確立している。これは二度の世界大戦の歴史から人々が深く学んだ結果である。第二に、通貨ユーロを共有することで、加盟国は経済的主権を互いに補完し合っているわけだが、とりわけ危機が生じた際にそのリスクの分散と速やかな回復への道を確保することが期待される。第三に、国境線上でのパスポート・コントロールという主権権力の行使を廃止することで、加盟諸国間での移動の自由を最大限に認めていること。そして第四に、死刑廃止をＥＵ加盟の事実上の条件としていること。死刑とは言うまでもなく国家主権による司法的殺人であり、それを廃止することは軍事的主権の制限と対をなすいわば車の両輪である――これらの諸点において、主権の脱構築はすでに始まっており、それはさらに規模と強度を拡大してゆくと誰もが期待し得るはずであった。

ところが、冒頭で確認したように、シリア内戦をめぐって拡大してしまった「対テロ戦争」とそれに起因する難民の大量発生という現実が、ＥＵにおけるこの主権の脱構築という歴史的実験を減速させているのみならず、そこでは古い国家主権の原理が復活しつつある。とりわけ合衆国がイニシアティヴを取る「有志連合」によるシリアへの武力攻撃は、すでに言ったように、アフガニスタン戦争・イラク戦争から続く、主権国家が主権国家ならざる「テロ組織」を相手に非‐対称的な構図の中で遂行する準‐戦争行為であり、その準‐戦争行為にイギリス、フランス、ベルギー、オランダ、デンマークが参加したことは、EUの理念にとってきわめてネガティヴな意味を持つ。共同体内での武力紛争を抑止する代わりに、みずからの外部に敵を見出し、武力の行使＝武器の消費をすることは、EUの歴史に照らしていかなる口実をもってしてもまったく正当化できない。そして、みずからの準‐戦争行為が惹き起こした大量の難民に対しては、EUは無条件的な歓待の精神に則って彼ら／彼女らを迎え入れるどころか、主権がその限界をコントロールしつつ尊大に施す寛容すらを失いつつある……。

こうした無残な状況のもとで、しかしそれでもなお、絶対的歓待という不可能なることを実行するために、われわれは何を考えればよいのか。マクロな視座からするとき、もはや修復不可能とすら思われる状況を前にしたとき、われわれが取り得る態度の一つは、ミクロな場面を精密に検証することである。身近な経験的諸場面を検証することで、絶対的歓待への道を一つでも多く確認し、その方法論を整理しておくこと——そのことはおそらく、マクロな状況へとわれわれがふたたび介入する際に、いわば武器として役立つはずである。

だがそれでは、われわれの本来的な文脈ないし場であるデリダ的精神分析は、この問いにいったいどんな力を与えてくれるだろうか。

第一に、歓待の原理が主権の権能を制限することに存し、その抑圧的な力の支配が及ばない場所を作ることにあるとするならば、われわれが試みるべきなのは何よりもまず「象徴界」（ラカン）の整序化され閉じた体系を開き、そこにおけるファロスを中心とした諸シニフィアンの循環を中断させ、「散種」の運動を解放することであるだろう。そのとき、現れるのは、体系ではなく地帯《ゾーン》、主体ではなく「自権性」を離れた誰かである――

書くこと――散種――は、去勢を考慮に入れることではないでしょうか？〔…〕、ただし、そのシニフィエあるいは超越論的シニフィアンの位置をふたたび戯れ＝危険に晒しながら（というのも、超越論的シニフィアンといったもののもまたそこにはあり得るからです――たとえば、去勢や母の欲望という最初のシニフィアンとシニフィエの相関項としてのファロスがそれです）、その超越論的シニフィアンとは、あらゆるテクスト性の最終的な拠り所であり、中心的な真理ないし最終審級の真理、テクストがそこで発せられるあの産出する（散種する）空虚の、意味論的に充実した非‐置換可能な定義なのです。散種は、終わりのない置換を肯定します（私は生産するとか構成するとは言いません）、それは、戯れを停止させることも監視することもしません。〔…〕そのことはあらゆる危険をともないますが、しかし、そこには否定性の形而上学的あるいはロマン主義的パトスはありません。散種は、そのような去勢の戯れの角度＝視点で「ある」のです――それは、みずからを記号化せず、みずからがシニフィエとしてもシニフィアンとしても構成されるにまかせはせず、みずからを現前化させないと同時に再現前化させもせず、みずからを示さないと同時に隠しもしません。[20]

ここに定式化された「書くこと」の原理としての「散種」は、ただたんに文学テクストの原理にとどまるものではない。それは、社会空間の構成原理としても読まれ得るのであり、現にそのように書かれている。たとえば、ラカンは「図式L」において何を語ったか。そこでは、無意識の主体「S」とイマジナリーな形成物としての自我の理想「a」との分離が大文字の他者「A」の媒介する圧力によって惹き起こされ、原初的対象たる小文字の「a'」へ向けられていた欲望が、自我の理想「a」の形成へと備給される運動が明確化されていた。別の角度から言えば、この図式において示されたのは、自我の理想「a」の形成に際して大文字の他者「A」が促すみずからへの同一化の機制であり、したがって、主体構築の場面における〈父－の－名〉の排他的重要性である[21]（「図1」参照）。

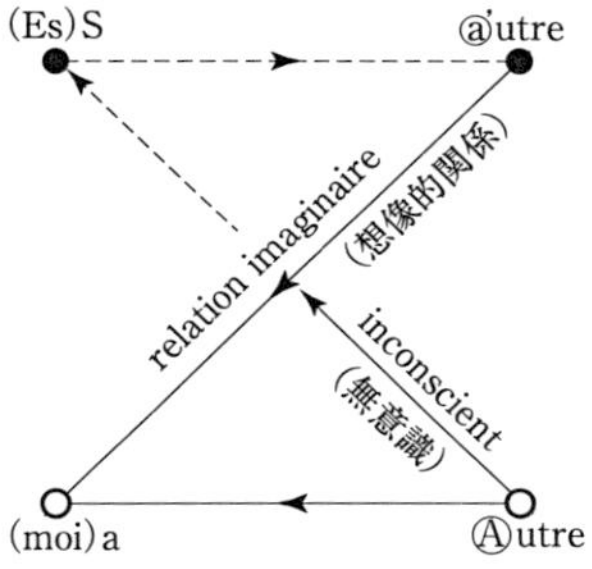

図1

そして、この主体構築の機制は、一個人においてのみならず、社会集団においても働いていると考えられる。そこでは、「象徴界」の頂点に大文字の主体「S」＝「超越論的シニフィアン」がおり、その「S」とのあいだでのイマジナリーな鏡像的反射

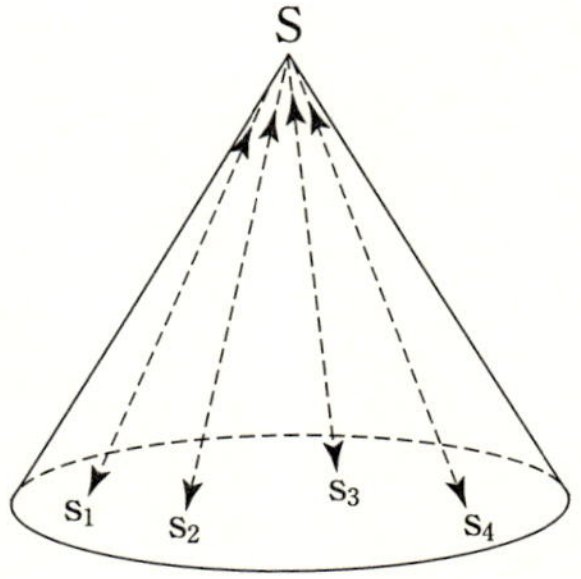

図 2

関係をとおして、小文字の諸主体「s_1, s_2, s_3…」がそれぞれ「S」をモデルとして同一化＝自己形成を図り、整序化され象徴界の秩序の中に位置を占める諸「シニフィアン」と化すことになる(「図2」参照)。

　だが、この「図式L」にもとづく主体構築およびそれを前提とした集団形成は、歓待の視点からするとき、きわめて閉鎖的であり、それどころか異質なものを排除する特性をそなえている。ここでは大文字の他者「A」が規範としての強い力を発揮しており、主体の自我はその圧力と誘引力につねに晒され、それへ同一化する以外に別の生成への選択肢を持たない。また、同じ原理に拠る社会集団の構成員は、超越論的主体「S」の属性を分有しつつ自己を形成し、そのような自己であるかぎりにおいて互いにコミュニケーションを維持することができる。逆に言えば、超越論的主体「S」との紐帯が切れたとき、その小文字の主体「s」は社会集団から脱落してゆくことになる。

　しかし「散種」の原理に準拠するとき、われわれはまったく別の「主体」構築を、そしてまったく別の社会野を構想することができる。第I部第二章ですでに見たように、「欠如は散種の中にはその場所を持たない(22)」、すなわち、想像的ファロスの欠如《$-\phi$》を知らず、「去勢という真理」(ラカン)を知らず、したがって特権的シニフィアンたるファロスに中心化される諸シニフィアンの連鎖なるものを、そもそもの初めから＝戯れの開始から〔d'entrée de jeu〕斥けるべきフィクションと見なす散種の運動においては、唯一の同一化の対象は存在しない。それゆえ、一般的に諸「主体」と言われる存在の代わりに、あるのはただ特定の宛先に送付されることのない行為体たち〔*agents*〕だけ、宛先〔destination〕を解除された、あるいはデリダ特有の表現によるなら彷徨としての宛先〔destinérance〕への途上にいる行為体たちだけである。そのような行為体たちが構成する社会野は、だから、無限へと開かれている。そこには超越論的シニフィアンに支配された閉鎖的領域性はない。そうではなく、まず任意の行為体たちの偶発的でランダムなコミュニケーションがあり、そのコミュニケーションの拡がりそのものが、〈社会〉となるのだ。

同じことを哲学の伝統にそくして言い換えれば、散種の原理における行為体たちは、ヘーゲル的弁証法には決して回収されない。レヴィナスはみずからの〈他者〉概念をヘーゲルとの対比においてつぎのように語っている——

> 無限なるものの肯定性を主張することによってヘーゲルはデカルトに立ち戻る。だがそれは、あらゆる多様性を排除することによって、すなわち、無限をあらゆる「他者」の排除として定立することによってなのだ——無限に対して一つの関係を保持し得るであろう、そしてそのことによって、無限を制限するであろう、そんな「他者」を。〔…〕だが〈他者〉は、絶対的に他なるもの——〈他人〉——は、〈同一者〉の自由を制限しはしない。〈同一者〉を責任へと促すこと

によって、〈他者〉は自由を創設し、かつそれを正当化する。顔としての他者との関係は、アレルギーを治癒させるのである。それは欲望であり、授かった教えであり、言説の平和的な対立である。[23]

存在を〈欲望〉として、かつ善良さとして定立すること、それは一つの自己をあらかじめ孤立させることではなく、この自己はそのつぎにはある彼方へと赴くだろう。それは、内部から自己を把握すること——みずからを自己として生み出すこと——を肯定することであり、それは、すでに外部を向いている同じ身ぶりによってみずからを把握することなのだが、その目的はつぎのことを外へ‐流し出し、表明するため、みずからが把握したことに責任を持つため、表現するためである。すなわち、意識化はすでに言語活動であるということを、言語活動の本質は善良さであり、あるいはさらに言えば、言語活動の本質は友愛と歓待であるということを。〈他者〉とは——ヘーゲルならそう望むだろうが——〈同一者〉の否定ではないのだ。〈同一者〉と〈他者〉への分裂という根本的な事実は、〈他者〉に対する〈同一者〉の非‐アレルギー的関係なのである。[24]

ヘーゲル哲学において、他者はつねに自己との対立措定において捉えられ、その否定性は弁証法による止揚の働きによって、保持されつつ破棄され、より高位の同一性へと統合される。そこにあるのはつねに、同一者のエコノミーであり、他者の他者性はそのエコノミーのうちに回収され抹消される。だが、レヴィナスは弁証法のそのような働きを宙に吊る。レヴィナスは弁証法における同一者のエコノミーに中断を命じ、その暴力の外で〈他者〉と向き合い、〈他者〉を迎え入れる。「顔としての他者との関係は、アレルギーを治癒させる」という一文が告げているのは、同一者のエコノミーによる他者の他者性の暴力的抹消をとおした統合に対する、根源的な留保にほかならない。「顔としての他者」とは、すぐれて倫理学的な存在であり、そのつど特異なその現れは、自己のうちに同化されることも所有されることも統合されることもない。自己は、「顔」との対面によって、その眼差しとの出会いにおいて、他者の他者性を肯定し、みずからのうちにその他者性をそのまま迎え入れる。他なるもの、異質なるものをそれとして歓待すること——「アレルギー」の「治癒」とは、「〈他者〉に対する〈同一者〉の非-アレルギー的関係」とは、そのような場面の確立以外のことではない。ラカンの概念で言えば、ここには、大文字の他者への同一化の圧力と誘引力から自由になった場、多数多様性がそのまま肯定される迎え入れの場がある。

　引用文中の「言語活動の本質は友愛と歓待である」という決定的なテーゼもまた、この意味=方向性において理解されるべきものである。すでに明らかなように、ラカン的象徴界の体系、ファロスによって中心化されたその閉域には、歓待の余地がない。そこにあるのは、「去勢という真理」を、すなわち想像的ファロスの欠如《$-\varphi$》を唯一無二のシニフィエとする諸シニフィアンの連鎖であり、あるシニフィアン=主体〔sujet〕はその連鎖に参入して隷属化〔assujetti〕される以外に——つまり、みずからの他者性を放棄する以外に――その存在を承認されることは不可能である。それに対し、散種の原理が作り出す言語の地帯《ゾーン》は、中心＝欠如を知らず、それに準拠する体系ないし全体という概念を知らない。というよりもむしろ、体系ないし全体という概念を積極的＝能動的に機能不全に陥らせ、解体するのが散種の運動であり、したがってその散逸的拡がりはつねに他者へ向けて開かれており、他者の到来を迎え入れる態勢にある。すでに見たように、語という統一体さえも破壊しつつ、意味論上はまったく無関係な複数の文脈のあいだで、語の破片ないし文字素が偶然にしたがって一種の飛び地の数々を形づくり、意味作用に還元されない、しかしクリプト化された内的必然において結び合うこの散種という現象は、その無限への開かれにおいて、すぐれて歓待的な言語の磁場であると言える。

シニフィアンの連鎖に代えるに散種の運動をもってすること、同一者のエコノミーの外で他者と出会うこと、体系の暴力性を中断させること……。ところで、言語活動をこのように変換することは、精神分析の実践にとってどのような効果を及ぼすだろうか。あるいは、このような言語活動を肯定する精神分析の実践とはどのようなものとなるだろうか。

事が実際の分析の場面、分析家による治療実践に関わるからには、われわれには軽々に議論を進めることはできないし、そうするつもりもない。だが、哲学の思考の側から限定的ないくつかの補助線を引くことはできるだろう。

そのことを言ったうえで、まず分析家が何をすべきでないかについて確認すれば、分析の場面がフーコー的意味での「規律＝訓練」の場となることは、いかなる意味においても避けなければならない。これもすでに見てきたように、精神分析という学が歴史的にキリスト教における告白＝告解の制度と分かちがたく結ばれており、とりわけそこには司牧的権力が構造的に組み込まれている以上、この危険については最大限の注意を払う必要がある。事実、精神分析は、合衆国へ「輸出」され根づいた際に、自我心理学という独自の学へと変質した過去を持つ。ここはその理論の細部を検証する場ではないが、自我心理学においては脆弱化した患者を主体化し直し、社会の現実へ適応させることが最大限に目的化された。言うまでもなく、そのような目的は価値中立的なものではあり得ない。そこには明示されるか否かにかかわらず、社会の規範さらにはイデオロギー（たとえばあるべき市民像）が前提とされており、したがって治癒することと社会の中でしかるべく振る舞えることが同義とされたわけだが、そのような実践が歓待の原理からおよそ最も遠いものであることは明らかだ。歓待が、他者の他者性と異質性をそのまま肯定し、迎え入れることであるとすれば、自我心理学が行なったのは、それとはまったく逆のこと、すなわち、病者にとってその存在根拠であるかも知れない他者性と異質性――社会の規範から見た――を病者に捨てさせ、社会の「マジョリティ」という実のところ誰にもその実体を確かめようのない集団へ参入するよう病者の自我を操作することであった。およそフロイトの思考からはかけ離れた実利主義的治療の実践……。

　だがそれでは、精神分析が社会の権力構造を反映せず、留保なき歓待の場面を形成するためには、どのような方法論があり得るか。コーラを分析の場面に導入すること、否、分析の場面をコーラとして形成すること。プラトンの『ティマイオス』の中に書き込まれたこの特異な「受容体」ないし「母」ないし「刻印台」は、叡知的なものでも感性的なものでもない「第三のジャンル」に属している、とプラトンは言う。だが、この「第三のジャンル」とプラトンが呼ぶものは、存在者の三つ目のジャンルではなく、存在の反対物＝非－存在でもない。それは「〜でも〜でもない」としか表現できない「まさしく何ものでもない」「きわめて特異な非－固有性」を指している——

> コーラは、一つの場所を脇にのけてしるしづける——それは「みずからのうちに」、みずからの傍らにあるいはみずからに加えて、みずからとカップルを成すように見えるものすべてに対して、ある非対称的な関係を保持する間隔化をしるしづけるのである。カップル外のカップルにおいて、産み出すことなく場を与えるこの奇妙な母を、われわれはもはや一つの起源と見なすことはできない。彼女＝それは、あらゆる人間－神学的図式から、あらゆる歴史＝物語から、あらゆる啓示から、あらゆる真実から逃れ去る。前－起源的であり、あらゆる世代＝生殖の前、かつ外にあって、それはもはや一つの過去や過ぎ去った一つの現在という意味すら持たない。この前とは、いかなる時間的先行性をも意味していない。この独立の関係、非－関係は、そこに受け取られるべくそこに住まうものの点からすれば、空隙の関係あるいは間隔化の関係にはるかに似ているのだ。[25]

弁証法的対立措定の関係にあるものすべてに対して「ある非対称的な関係を保持する間隔化」をしるす、この「特異な非‐固有性」――すべてを受け容れる場でありながら、それ自体は「何ものでもない」もの。プラトンの形而上学の内部に書き込まれた外部とも言うべきこの場の働きを、デリダは「存在を時間錯誤化[26]」することに存すると表現している。

したがって、もし、分析の場面をこのような意味での「コーラ」として設定することができれば、その効果はすぐれて歓待的なものとなるだろう。そのためになすべきことは何か。真っ先に要請されるのは、分析家がみずからの「主権」を解体し、その「自権性」さえをも解除することにより、転移関係が内包する権力構造を可能なかぎり縮減することである。一般的に被分析者ないし分析主体(ラカン)は、転移関係の中で、幼児期におけるみずからの父(的存在)あるいは母(的存在)とのあいだの状況と構造を反復体験するわけだが、それが治療にとって有益となるか有害となるかは、あらかじめ予測不可能であり、かつ分析家の力量に大きく左右される。だが、分析家自身がその「主権」を、「自権性」さえをも手放して、みずからが「コーラ」と化してすべてを受容し、すべてを語らしめることができたとき、被分析者ないし分析主体はある「時間錯誤化」を経由し、その経験は、少なくとも彼／彼女が社会環境の中で病んだみずからの「自権性」を解体し、そこから解放されることに役立つはずだ。その経験は、つぎの一歩への代替不可能な基盤となるだろう。われわれはそのことを期待してよい。そしてそのとき、分析家自身もまた、歓待の法にしたがって、分析の場面の「主人」＝「客人」として、みずからの持っていないものを与えたということになるだろう。

この前－未来時制で指し示される時間錯誤における贈与の出来事……。

われわれは、ミクロな次元における歓待の方法論とその効果をいくつかの角度から検証してきた。だが、こうして歓待を理念的に検証しているあいだにも、シリアでは空爆が続き、ＥＵ諸国の国境線には何万人もの難民たちが、それぞれの「顔」をもつ他者たちが、みずからの生き延びを賭けて殺到している。まさしく状況は切迫の度合いを増し続けているのだ。われわれは無力なのか？　いや、そのような問いこそは無意味だろう。他者は待ってはくれない。その切迫に、われわれもまた切迫をもって応えねばならない。今、この瞬間に――

他者をその他性において、待ったなしに、迎え入れねばならぬ。したがって他者の現実の述語を認知することに歩をとどめてはならないのだ。それゆえ、知覚の彼方で他者を受け容れる必要がある――*ghost*〔亡霊〕あるいは*Geist*〔精神〕あるいは*Gast*〔客〕としての客に差し出された歓待の、つねに不安をかきたてる危険を、異様なまでに不安をかきたてる、すなわち外国人＝異質なるもののように不安をかきたてる(unheimlich〔不気味〕な)危険を冒しながら。この亡霊性という賭札ぬきの歓待はない。だが、亡霊性は何ものでもないわけではない。それは、存在と無、生と死といった、あらゆる存在論的対立措定を超出し、そしてそれゆえに脱構築する――そしてそれは与えるのだ。(27)

第二章　来たるべき民主主義――主権・自己免疫・デモス

《そしてそれはつねに起こるのだから、純粋な主権は存在しない。それはつねに、おのれを否定すること、否認すること、あるいは取り消すことによっておのれを定立しつつあるのである。》

――ジャック・デリダ『ならず者たち』[1]

《「来たるべき」はたんに約束を意味するだけでなく、民主主義が、現前的実在という意味ではけっして実在しないだろうということをも意味している。》

――同右[2]

歓待[3]およびここでは主題としては論ずることができなかった赦し[4]といういずれも無条件性と条件性のアポリアに人を直面させる問題系、そしていずれも主権の権能との関係が問われる問題系をめぐって思考を展開した後、最晩年のデリダが民主主義の問いに本格的に向き合ったのは、一人の哲学者の軌跡として必然と映る。それは民主主義〔démocratie〕が、今日のいわゆる先進諸国において必ず選択されている政治体制であるにもかかわらず、その必要十分条件が何であるか、その十全な定義が何であるかがつねに問い直され続けている未完のプロジェクトであり、そこではまさに人民

=≪demos≫と主権の力=≪kratos≫との関係が問題の焦点にあるからだ。実際、民主主義ほど広くその肯定的価値を認められていながら、その構成要素やあるべき姿についての解釈がこれほど多種多様な政治概念も他にないだろう。デリダはこの古くて新しい概念を前にして、何を語り、何を問題化したのか。

二〇〇二年の夏、すなわち「九・一一事件」から約一年を経た、合衆国のアフガニスタンへの「報復戦争」そしてその後の占領政策のために日増しに緊迫の度合いを増しつつある世界情勢のもとで行なわれた二つの講演「強者の理性（ならず者国家はあるか？）」と「来たるべき啓蒙の「世界」（例外、計算、主権）」からなる著書『ならず者たち』（二〇〇三年）の中で、デリダは民主主義というこの一義的な定義を拒む政治体制を記述するに際して、「車輪」の比喩形象に訴えることから始めている。民主主義が、君主制などとは異なり、その主権が人民のうちに存する制度であることは言うまでもない。民主主義《デモクラシー》とは、人民《デモス》が人民《デモス》を人民《デモス》の力《クラトス》によって統治する制度であり、そこには君主や宗教的=超越的一者などの外部の準拠対象は存在しない。すなわち、民主主義とは、純然たる自己準拠的システムであるということだ。だが、この単純な事実が、決して単純ではない帰結を生む。自己の外部に自己を統治する力を持たないとき、その自己は自己自身に準拠しつつみずからを統治しなければならず、そのことは必然的に循環的運動を要請するのである。デリダはこの点についてつぎのように書いている——「自己に対しての、自己に向かっての、自己にかかわっての自己運動的かつ自律的ななんらかの回帰〔retour〕なくしては、〔…〕なんらかの民主主義的空間への欲望、あるいはそのようなものの名指しを思考することは困難であるように思われる」[5]、と。「これらの形象あるいは運動」をデリダは「*ipsétié* 一般」と呼ぶ。そしてその際にデリダが留意し強調するのは、この「*ipse*」が(前章でわれわれが見たように)「それが翻訳しうるギリシア語の *autos*〔…〕とそもそも同じように、男性形の主《あるじ》としての自己自身を指示する」ことである——

国家の、国民国家の、君主の、あるいは民主制においては人民の、どんな主権より以前に、自権性〔*ipséité*〕がすでに名指しているのは、正統的な主権の原理であり、ある権能あるいは力の、クラトスの、クラシーの、信認ないし承認された優越なのだ。[6]

この「自己自身としての自己の単なる措定のうち」に、「本来的に自己自身であることとしての自己の単純な措定のうち」に「権能および所有の可能性」を発見するためには、なにも語源に遡る必要はない、とデリダは言う。自己がみずからの根拠を求めて円環を描き、「球面性の最初の一回転」をするだけで、「ある力(*kratos*)」、「主権的権威として限定された力(*kurios*)」が生まれ、この「円環的ないし球面的旋回、自己へのこの回帰＝再回転の様相は、あるいは代わる代わる〔tour à tour〕、各自回り持ちで〔chacun son tour〕、役割を交代して〔à tour de rôle〕」という、人民がみずから選び出した人民によってみずからを統治するという民主主義の原理の「輪番的形態」[7]をも表現するのである(デリダはこのくだりで、トクヴィルの言葉を参照している。人民は「万物の原因にして目的であり、すべてはそこから出てそこに吸収される」――「そこ〔合衆国〕では社会は、自らによって、そして自らの上に働きかける。そのただなかにしか力〔puissance〕は存在しない」[8]。

ところが、このような自己準拠性、それも、つねに動き続け、回り続け、さらには輪番制を取ることによってのみ自己の「力」を、その「主権的権威として限定された力」を生み出し、自己のものとする民主主義は、その原理においてある不安定性をはらんでいる。それは民主主義がそれによって稼働する「自由（エレウテリアあるいはエクソウシア）」の問題である。自己を統治する力をみずから生み出す自律性は、その「自由な車輪」のうちに「民主制の概念の中心にあってその歴史を回転させる意味論的空白ないし無限定」[9]を内包しているのであり、それは「放縦」へと回転しかねない。だが、この不安定性、「空白」ないし「無限定」は、民主主義の積極的可能性でもある。すなわち、この「自由」は「より根底的、より根源的」には、「民主制の概念そのもののなかの、民主的なものの解釈のなかの、ある遊動の自由、無限定ないし決定不可能性の開きを前提していること」を刻印するものなのである。この「自由」は「刻印力が強い」とデリダは言う。なぜか。それは「概念のなかのこの自由」の中に「民主制の概念そのものの、そしてそれゆえ言葉遣いの将来〔avenir〕の、空虚な開きのようなもの」[10]があるからである。ここで考えられている民主制とは、「その歴史的変形へと開かれ、その内在的造型性および終わりなき自己批判性を、終わりなき分析と言ってもよいものを引き受ける唯一の準体制」であり、それゆえにそれは「来たるべき民主制」[11]と呼ばれるのである。

この将来への「空虚な開き」こそは、ここでのデリダの議論の第一の賭札である。「来たるべき民主主義〔la démocratie à venir〕」とデリダが言うとき、それは「構成的なもの（プラトンなら範例的なものと言うだろう）にも、統整的なもの（カントが統整的理念を語る意味で）にも属さない[12]」。そうではなく、「その無限定性の自由な遊動のなかで、自由な車輪として、自由であり続ける」この民主主義の概念は、「自由な車輪として、自由であり続けるが、まさしく民主主義というその名のもとで、それがそうであるところのもので固有的に〔proprement〕あることがけっしてない、それ自身であることがけっしてないこの〈もの〉〔chose〕あるいはこの〈原因〉〔cause〕」に「じかに〔…〕書き込まれている[13]」のである。この「本質的な遅延」、「民主主義の現在の終わりなき日延べ〔ajournement〕[14]」について、デリダはつぎのように定式化している――

民主主義がそれがそうであるところのものであるのは差延においてのみであり、その差延によってそれはおのれを遅らせおのれと差異化する。それがそうであるところのものであるのは、存在の彼方で、存在論的差異すらもの彼方で、おのれを間隔化することによってのみである[15]。

かくして、民主主義をそのイデアや理念において定義するのではなく、「車輪」の回転にも似たその運動性において、すなわち、その絶えず更新される自己準拠による自己統治の力、つまりはその自権性の差延的構造において定義することによって、デリダは民主主義をとりわけ「～制＝クラシー」として記述する際の、最大限の可動性＝可能性を提示したと言ってよい。「差延」とは決して思弁的な観念ではなく、われわれの生を、のみならずわれわれの社会における政治・経済・法などに関わる現実的諸制度を密かに、しかし確かに決定づけている運動性の名なのである。論文「差延」の一節を想起しておこう――「現在がそれ自体であるためには、ある間隔が現在を現在でないものから分離している必要がある。だが現在を現在において構成するこの間隔は、同時にまた現在をそれ自体において分割せねばならず、かくしてそれは、現在から出発して人が思考し得るものすべてを、つまり、われわれの形而上学の言語で言えばすべての存在者を、とりわけ実体あるいは主体を、現在とともに分割しなければならないのだ[16]」。われわれが生きている社会の現実的諸制度が、程度の差はあれ、このような間隔化＝差延の運動を内包しているということ、そしてそれが不可視であるのは、ただ当の制度自身による抑圧の効果に過ぎないということ――このことを記憶にとどめておこう。

　だが、事はこれにとどまらない。デリダによる民主主義の存在様態に関する問いのうちには、さらに深く両義的でパラドクシカルな問いがある。それは自己免疫的過程ないし自己免疫的トポロジーとしての民主主義である。

　ある程度高度に分化した有機体は一般に、みずからの外部の敵を抗原として識別し、それに対して抗体を作り免疫作用を働かせることで自己を防御する。ところが、ある種の疾患においては、自己自身の内部の要素を抗原として識別し、それに対する抗体を作って攻撃するという事態が起きる。つまり、自己が自己に対して免疫作用を及ぼし、自己を破壊しようとするのである。この作用は極端な場合、有機体の完全な自己破壊、すなわち一種の自殺と同義の結果を生じさせる。別の角度から言えば、通常は自己が非‐自己をそれとして認識し攻撃することで自己を防御するのに対し、自己免疫疾患においては、自己と非‐自己の識別が混乱し、あるいは不可能となり、自己の内部の非‐自己と化した自己への攻撃によって自己が破壊されるのである。

ところで、民主主義の現実の中に、このような自己免疫的事態が起きることがある。デリダがその「範例的過程」として挙げているのは、一方において、「ファシズムおよびナチズムの全体主義が、形式的に正常な、形式的に民主的な選挙力学が働くなかで政権に就いたこと」[17]である。すなわち、民主的な手続きによって行なわれた選挙が非‐民主的な統治形態を生んでしまうというケースである。他方において、一九九一―九二年のアルジェリア国会選挙では、「開始された選挙過程」が「民主的に民主主義の終焉に導くだろうと考えた」アルジェリア政府および国民の多数が、民主主義を「最悪の、もっとも蓋然性の高い侵害に対してそれを免疫化するために、〔…〕暫定的に停止すること」を決断した。彼らは選挙を中止すること＝「みずから民主主義を終焉させることを選んだ」[18]のである。これは「民主主義のある種の自殺」であり、「民主主義にはつねに自殺的傾向があった」とデリダは言う。だが、それは否定的価値だけを含意することではない。「民主主義に〈来たるべき〔もの〕〉〔à venir〕があるとすれば、それは生を、そして生の力を、別様に思考するという条件においてである」[19]――

私が自己免疫的なものと呼ぶものは単におのれを害すること、おのれを破滅させること、さらにはおのれ自身の防御を破壊すること、自らそうすること、自殺すること、あるいはそうしかねないことであるばかりではなく、より深刻にも、そしてまさにそのことによって、自我ないし自己を、エゴ〔*ego*〕ないしアウトス〔*autos*〕を、自己性そのものを脅かすこと、アウトスそのものの免疫性を傷つけること〔entamer〕でもあるからである。要するに、自分で自分を傷つけること〔s'auto-entamer〕であるばかりでなく、〈自分であること〉を――そしてそれゆえ自己性を――傷つけることでもあるのである。自殺することであるばかりでなく、自己‐参照性を、自殺そのものの自己を危うくすることでもあるのである。自己免疫性は多少とも自殺的ではあるが、さらにいっそう深刻なものである。自己免疫性は、つねに、自殺そのものからその意味を、そして想定されたその完全性を剥奪しかねないのである[20]。

「生の力を、別様に思考する」ことを促す「〈来たるべき〉民主主義」――それは、ここではとりわけ民主主義にとっての「死の欲動」（フロイト）を、すなわち、生／死の二項対立に還元されない生の過剰としての死が民主主義にとって何をもたらし、どのような変容を強いるかを考えることであるだろう。実際、民主制はときとしてたんなる人為的に制御可能な政治体制であることを超えて、まるで一つの有機体のように、みずからの有限性を知り、かつ自己保存よりも自己破壊そして自己－無化の衝動に取り憑かれることがある。民主主義もまた、その「内的根拠によって死に、無機的なものへ帰ってゆく」(フロイト)のだ。

そのことを例証するきわめて明瞭な事例がある。かの「九・一一事件」とそれ以降アフガニスタン戦争、イラク戦争そしてシリア内戦へと続いてきた「対テロ戦争」がそれである。デリダはこの事例を、「アルジェリアの事例の後では「九月一一日」と呼ばれるものの〔…〕諸効果の事例以上に、目に見える形で自己免疫的な過程があるだろうか?」とはっきりと名指している。あの事件以後、「アメリカ行政府」は「「悪の枢軸」に対する、自由の敵たちに対する、そして世界中の民主主義の暗殺者たちに対する戦争に打って出るのだと称して、自国における民主的と言われる諸自由を、あるいは権利の行使を、警察の取り調べの権限を拡大するなどして、不可避的に、また否認不可能な仕方で制限しなくてはならな」(21)かった。民主主義を、民主主義が保障する自由と権利の数々を、「民主主義の暗殺者たち」を抹殺するために、みずから制限しなければならないというパラドックス。たとえば、同時多発テロ事件後わずか四五日で成立した「米国愛国者法」は何を定めているか。条文の細部に言及することはできないが、「テロリズムに対する国内の安全性の向上」「監視手続き」「テロリズムを予防するための資金洗浄対策」「国境の保全」「テロリズムの捜査に対する障害の除去」「諜報活動の改善」等々と題された各章のもとに告げられているのは、要するに、政府機関が市民の通信(電話・Eメール等)を傍受する権限、市民に関する金融情報や医療情報を収集する権限、またとりわけ外国人や外国法人の金融資産の移動等を規制する権限、そしてテロに関与したと推定される人物を拘束する権限などを（ほとんど無際限に）拡大することである。デリダが言うように、「民主主義はその敵たちに、その脅威からおのれを保護するために似なくてはならない」[22]のであり、そのようなまさしく自己免疫的構造を、このとき合衆国ははっきりと打ち立てたのである。

さらにその後の経緯はどうか。「九・一一事件」は、いかにその衝撃が大きかったにせよテロリズムであり、テロリズムは主権国家による軍事行動ではなく私人による犯罪である以上、国際法上の主体とは見なせないその犯人グループは、合衆国の国内法に則って逮捕され、訴追されねばならなかったはずである。ところがブッシュ政権は、周知のように、「これは戦争である」と一方的に宣言し、国連憲章第五一条が定める集団的自衛権を発動し、NATOとともに首謀者と推定されるウサーマ・ビン・ラーディンとその組織アルカイーダが潜伏していると推測されるアフガニスタン＝タリバン政権に対し「報復戦争」を開始した。その結果はどうだったか。合衆国やイギリスなどの有志連合諸国による一〇月初めから始まった圧倒的規模の空爆により、早くも一一月一三日には首都カブールが制圧され、タリバン政権は消滅、一二月二二日にはハーミド・カルザイを議長とする暫定政権＝合衆国の傀儡政権が誕生した。しかし、ビン・ラーディンの身柄は拘束されるどころか、その行方の手がかりすらつかめず、アフガニスタンの政治秩序や治安情勢が極端に悪化したのみならず、空爆によって夥しい民間人が犠牲となった。

このアフガニスタン戦争が自己免疫的プロセスであることを最も顕著に示すのは、事件の首謀者と推定されたビン・ラーディンこそは、冷戦構造下でアメリカ合衆国がソヴィエト連邦を敵として育てた武装集団のリーダーであったという事実である。一九七九年ソヴィエト連邦がアフガニスタンに侵攻するや、ビン・ラーディンは「ムジャーヒディーン」を率いてアフガニスタンにおけるムスリムの抵抗を支援する武力活動を展開したが、それを援助したのが合衆国のＣＩＡであった。ビン・ラーディンが反米に転ずるのは、一九八九年二月のソ連軍の敗退を契機としてである。合衆国はまさにかつてみずからが作った抗体によってその免疫システムを破壊されるという自己免疫疾患に陥り、その破壊を契機ないし口実としていっそう巨大な免疫システムを再構築したわけである。

　だが、そのアフガニスタン戦争が、異論はあるとはいえ、形式上はそれでもまだ国連憲章にもとづく集団的自衛権の発動であったのに対し、イラク戦争がまったく大義なき戦争、いかなる仕方でも正当化できない戦争であったことは今日誰もが知っている。合衆国は、イラクが生物・化学兵器を含む大量破壊兵器を保有しており、世界の平和的秩序に脅威が切迫していると主張し、その脅威を取り除き、かつサダム・フセインという独裁者を排除してイラクを民主化するという名目のもとに、国連安保理の決議を得られないまま、二〇〇三年三月二〇日、独断的な先制攻撃に踏み切った。抗原がそこにある、と合衆国は一方的に宣言したのである。しかし、圧倒的武力を背景にイラク国内に入った米軍による捜索によっても、二〇〇四年に派遣された調査団によっても大量破壊兵器は発見されず、同年一〇月にそのことは合衆国自身の最終報告書において正式に確認された。また当初合衆国が主張していたアルカイーダとサダム・フセインとの関係を示す決定的な証拠もまた存在しないことが明らかとなった。要するに、合衆国はまたしても一主権国家を正当な理由なきまま武力によって「民主化」したのである（この戦争の本当の目的は石油資源の確保にあったと、多くの合衆国・元政府要人たちが今日では証言している）。

しかし、合衆国によるこの自己免疫的戦争のプロセスは、ここで止まりはしなかった。二〇〇六年五月にはヌーリー・マーリキーを首相とする、合衆国とイギリスの合作による傀儡政権が発足し、一二月には二〇〇三年一二月に拘束されていたサダム・フセインが処刑されはしたものの、合衆国による占領政策はイラクを統括するにはほど遠く、均衡と破綻を繰り返す泥沼の混乱状態が続いた。そしてイラクの政府および軍の要人の少なからぬ部分が地下に潜行し、別のいっそう巨大な「テロ組織」を形成するに至った。「イスラム国＝ＩＳ」の誕生である。いまだ、そしておそらく永遠に主権国家の形態はとらず、しかしその勢力を拡大し続け、近代国家以前の原理（たとえばカリフ制）によって統治構造を確立しつつあるこの組織をどのように呼べばよいのか。確かなのは、この組織が、アフガニスタンやイラクがそうであった以上に、合衆国（とその有志連合諸国）にとっての非-対称的な他者であり、その解消し得ぬ非-対称性ゆえにこそ、合衆国（とその有志連合諸国）がそれを必要としている敵である、ということだ。そう、ＩＳこそは主権国家が自己のために非-自己として生み出す自己の分身なのである。デリダは二〇〇一年一〇月二二日に行なわれたインタヴューの中で、早くもこう述べている——

それでもやはり、心的外傷の効果を和らげ無力化するためのこれらのあらゆる努力(それを否認し、抑圧し、忘却するための、それの喪に服するため等々の)が、それらもまた、絶望的な試みであることに変わりはありません。そして、それらはことごとく自己免疫的運動なのです。この運動こそは、みずからが打ち負かすと主張する怪物性を産み出し、発明し、養うものなのですから。

決して忘却されるがままにならないもの、それはしたがって、自己免疫的なるものの倒錯的効果です。禁圧――精神分析的意味においても、政治－警察的、政治－軍事的、政治－経済的意味においても――、われわれは今や、禁圧が、みずからの武装解除しようと試みる当のものを産み出し、再生産し、再生させてしまうということを知っているのです。(23)

合衆国が、そして有志連合諸国が、つまりは「対テロ戦争」を遂行するすべての主権国家が、それを必要とし、それどころかみずから産み出しさえする敵。そこに立ち現れているのは、自己自身の産み出す分身的対象を非－対称的他者として識別し、それを攻撃することによってしか自己を維持できない、まさしく自己免疫的トポロジーと化した国家群である。「みずからその第一人者と自称する国際法」を「みずからの利害が命ずる場合には毎回無視」し「侵犯し続けている国」、すなわち「もっとも暴力的なならず者国家」(24)――それこそはアメリカ合衆国である、とデリダは言う。その「ならず者国家」が一五年に及ぶ「対テロ戦争」のために疲弊し切った現在、その位置を代わって占めるべく名乗りをあげたのがフランスである。ＥＵ諸国の中でも近年まで合衆国に対して相対的自律性を保ってきたはずのフランスが、二〇一五年一一月一三日のパリ同時テロ事件をきっかけとして、「九・一一事件」直後の合衆国を正確に反復するかのように、「われわれは戦争状態にある」と宣言し、ＩＳが実効支配するシリアへの空爆を一気に激化させる――この世界構造は、もはや撤回不可能なのか。われわれはもはや自己免疫的プロセスないし自己免疫的トポロジーとしてしか主権国家を維持できないのか。すなわち、これはすでに、われわれに埋め込まれたプログラムであるのか。否、自己免疫性が「生の力を、別様に思考する」ことを促すとすれば、この構造を引き受けつつ、そこから正反対の力学を引き出すこともまた、われわれには可能なはずである。事実、デリダは自己免疫性の開く可能性をつぎのように書いている――

> 自己免疫性は絶対的な悪ではない。自己免疫性は、他者にさらされること、すなわち到来するものないし者――したがって計算不可能にとどまるほかないもの――にさらされることを可能にするからだ。もし絶対的な免疫性があるばかりで自己免疫性がないとしたら、もはや何も起こらないだろう。こうなると、もはや待つということも期待するということもないだろうし、互いに期待することも出来事を期待することもないだろう。(25)

到来する他者へと自己を開き、計算不可能にとどまるもの、つまりはその名に値する出来事を受け取り、その諸効果によって自己を変革する、そんな免疫系……。だが、そのような民主主義の環境を創出するためには、どんな新たな概念装置が必要なのか。どんな新たな解釈の力が?

デモスの問い――『ならず者たち』の中で焦点化されている最も重要な問題系の一つであるこの問いをあらためて検討することは、おそらく、われわれに一つの通路を開いてくれるだろう。おそらく、来たるべき民主主義をその名にふさわしい出来事として迎え入れ、それを生きるための一つの通路を。いくつかの視点がある。

第一に、ジャン=リュック・ナンシーが提言する「兄弟愛」における「平等」を斥けるデリダがいる。第五章「自由、平等、兄弟愛、あるいは、いかに標語化せざるべきか」において、デリダはナンシーの著書『自由の経験』(一九八八年)から、「兄弟愛は計量不可能なものを分有することにおける平等なのである」というテーゼに至る長い一段落をまるごと引用しつつ、根本的な批判(デリダによれば「不安」の表明)を試みている。引用の終結部のみを抜き出せば――

> 兄弟愛とはあらゆる感情的共示《コノテーション》以前のものであり〔…〕、同じ家族であることがその構成員を結びつけるといった関係のことではなく、父が、あるいは共通の実体が、消滅したことによって、自分たちの自由とこの自由の平等性へと引き渡された者たちの関係を示しているのである。それは、フロイトにおける群族の非‐人間的な父の息子たちに、つまり、ばらばらにされ

た身体の分有において兄弟となったものたちに似ている。兄弟愛は計量不可能なものを分有することにおける平等なのである。(26)

ここでナンシーが準拠しているのは、フロイトが『トーテムとタブー』(および『集団心理学と自我分析』)で考察した原始群族における「首領の暴力的殺害と、家父長的群族の兄弟的共同体への転換」(27)である。みずから理論的フィクションと位置づけている(フロイトはここだけ英語で「just so story＝いかにもそれらしい物語」と書いている)この論文でフロイトはいったい何を語っているか。それは、人間の共同体の起源には一つの「殺害」が想定され、その「殺害」の効果によって無秩序な欲望のカオスが整序化されたということである。フロイトによれば、原始群族はただ一人の全能の父によって支配されていた。この「暴力的」で「兄弟のそれぞれにとって羨望されるとともに畏怖される模範像であった」父を、あるとき抑圧されていた兄弟たちが「一致団結し」て殺し、その肉を食べることによって、父長制の群族に「終焉をもたらした」。彼らは父を殺し食べることで、「父の強さの一部を自分のものにし」「父との同一化を成し遂げ」た。そしてフロイトによれば、「人類最初の祝祭であるトーテム饗宴」とは、「この記念すべき犯罪行為の反復」であり「追想式典」であって、この「犯罪」こそは人間の文化における「社会編成、習俗的諸制限そして宗教などのあらゆるもの」の起源なのである。

だが、この原初における「犯罪」の効果はそれにとどまるものではなかった。父を殺害し、憎悪を満足させ、同一化の願望が実現されると同時に、「それまで押さえつけられていた情愛の蠢きが顕わになってくる」とフロイトは言う。「後悔」という感情の現れとそれに照応する「罪責意識」の発生である。その結果どうなるか。兄弟たちは、みずからが殺害した父に対して「事後的服従〔*nachträglicher Gehorsam*〕」という心的態度を形成し、かつて「父がその現実の存在で妨げていたこと」を「みずから禁止」するようになるのである。つまり、逆説的なことと言うべきだが、「死者は今や、生きていたときよりも強くなった」のだ。兄弟たちは、「息子の罪責意識から」二つのタブーを作り出す。一方は「トーテム動物の保護」であり、他方は「インセスト〔近親相姦〕の禁令」である。後者が必要とされたのは、「父のように」女たちを独占しようとしても「圧倒的強者はもはやいな」いがゆえに、共同体の維持のためには「そろって自分たちが欲したその女たちを断念」する必要があったのである。すなわち、共に欲望を断念することによる平等性の形成[28]。

「原父」の殺害とそれへの同一化、その後に生まれる各自の父への「事後的服従」、そしてタブーの設定による兄弟たちの平等性の確立――ここには、理論的フィクション以上のリアルな歴史貫通的真実が記述されているかのように思われもする。そのことを言ったうえで、デリダの批判ならざる「不安」はつぎの一点に集約される。すなわち「計量不可能なものを分有することにおける平等を言うために、なぜ彼〔ナンシー〕は兄弟愛に固執するのか[29]」。デリダが問題化するのは、第一に、ナンシーが平等の概念を「兄弟愛」から引き出すとき、そこに働いている「男性的権威」である。ここで「兄弟愛」と表記されているのは、«fraternité»であり、従来フランス共和国の標語として

「博愛」ないし「友愛」と訳されてきたものだが、デリダは、この語が元々はラテン語《fraternitas：兄弟》＝フランス語《frère：兄弟》に由来するものであることに留意し、それが含み持つ「系譜的なもの」「家族的なもの」「誕生＝生まれ」そして「原産性」さらには「国民《ナシオン》」〔生まれによる共同体 nation〕という概念が、「ある種の民主主義的モデル[30]」において優位を占めることを強く警戒しているのである。

だが、それ以上にデリダが危惧するのは、「兄弟愛」から派生する、あるいはその類義語である「隣人」や「同類〔似た者 semblable〕」が、つねに「人間という価値」を前提としている点である。デリダによれば、もし「純粋な倫理」といったものがあるとすれば、それは「絶対的に似ていない者〔dissemblable〕としての他者の、〔…〕どんな再認＝承認をも超えた、誤認可能なものとして承認された他者の、尊重すべき尊厳から始まる」のであり、「同類としての、あるいは似ている者としての隣人」は、純粋な倫理の「始まりどころか終わりないし廃墟を名指す[31]」。とりわけキリスト教的意味における「隣人という価値」、「同類という価値」から出てくるのは、もっぱら「人間の人間性の諸権利という価値」であって、「兄弟とはつねに人間である兄弟」の謂いである。デリダにとってこのことは「大雑把で、恐ろしいほど人を盲目にする明証性[32]」、つまりは民主主義概念を人間中心主義的に、それもおそらくは自民族中心主義的な人間中心主義に縮減する思考なのである。

ところで、こうした不安ないし危惧を別にしても、ここでナンシーが準拠しているような「兄弟＝同類」たちに、その「平等性」ゆえに、その「計量不可能なものを分有することにおける平等」

ゆえに、民主主義を担うデモスの資格を与えることははたして妥当だろうか。なるほど父なき息子たちの共同体は、まさにそこに父が不在であるために超越的一者を欠いており、したがって世俗化された現代におけるデモクラシーの主体たるデモスの資格を有しているかにも思われる。だがしかし、注意しなければならない、この「兄弟＝同類」たちは、父を殺害し、それを体内化し、それと同一化した者たちである。しかも、彼らの死せる父への関係は、最終的に「事後的服従」という形態を取り、かつての父の代わりにみずからがみずからに禁止の掟を発するようになる。したがって、この「兄弟＝同類」たちは互いに平等ではあるが、その平等性をもたらしているのは死せる父の権力の分有であり、つまりは体内化された「主権」なのである。「主権」を内面化した主体たち……。

だが、デリダが「来たるべき民主主義」の名において要請しているのは、いかなる意味でも主体ではない。「来たるべき民主主義」を担うべきなのは、すでに自己をそれとして確立した自己同一的主体ではなく、その社会的諸属性によって識別される主体でもなく、ましてや「主権」を分有し体内化した主体ではない。そうではなく、それは主体以前の「誰でもよい者」としてのデモスなのである。デリダは「デモスのアポリア」をめぐってつぎのように語っている――

デモスとは、同時に、一方において、あらゆる「主体」以前の、誰でもよい者〔n'importe qui〕の計算不可能な特異性、ある尊重すべき秘密によるあり得べき社会的絆の解きほぐしであり、それは、あらゆる市民権およびあらゆる「国家」の彼方、それどころかあらゆる「人民」の彼方、それどころか「人間的」生者としての生者の定義の現状の彼方にあります。かつ、他方において、それは理性的計算の普遍性、法を前にした市民たちの平等の普遍性、契約をともなうあるいは契約ぬきの、共に－あることの社会的絆等々であるのです(33)。

ここに厳密に定式化されているのは、繰り返せば、「デモスのアポリア」である。一方において「市民権」も「国家」も「人民」も超えた「誰でもよい者の計算不可能な特異性」であり、かつ、他方において「法を前にした市民たちの平等の普遍性」でもあるという両立不可能な、決して解消し得ぬアポリアを構成するデモス――だが、この不可能なままにとどまる不可能性をこそ、「来たるべき民主主義《デモクラシー》」は約束し、かつ要請しているのである。デリダは言う――「「来たるべき民主主義」――それが言わんとしているのは、いつの日か「現前的＝現在的」となるだろう未来の民主主義のことではありません。民主主義は、現在のうちに現実存在することは決してないでしょう。それは現前化＝現在化可能なものではないのです。〔…〕そうではなく、そこには不可能事があり、その不可能事の約束を民主主義は刻みつけているのですが、その約束は一つの脅威へと変質する危険を冒し、またつねにその危険を冒さねばならないのです(34)」、と。

デリダのこうした論理をおそらく受けとめて、ナンシーはデリダの死後に『民主主義の実相』（二〇〇八年）と題する一冊の中で「一般的等価性の無効化」としての民主主義の実践という新たなテーゼを提出している。ナンシーによれば、民主主義世界はこれまで「貨幣」「商品形態」などによって表現される「資本主義の核心」である「一般的等価性という文脈」[35]を展開してきた（これはマルクスの概念で言えば「一般的価値形態」である）。それゆえ、来たるべき「民主主義の運命」は「等価性というパラダイムの転換の可能性」に結ばれており、「新たな非等価性を導入すること」に結ばれている、とナンシーは言う。すなわち、「実存や作品や態度についての決断」等々が「所与のシステムによってあらかじめ計算」されることなく、反対に「そのつど、唯一無二で、比較不可能で、置換不可能な「価値」——あるいは「意味」——の肯定である可能性」を与えることによって、「想定された経済的支配〔…〕を転位させること」[36]——これこそが現代社会における民主主義の課題であるだろう。その場合、諸個人の相対的等価性しか生み出さない「自由主義的な個人主義」に抗って、各人の絶対的肯定、すなわち、「その「無」の意味するところが、万人が共約不可能な仕方で、絶対的に、そして無限に価値を持つことであるような基底のうえに、万人が顕現する」[37]、そんな場を形成することが具体的な戦略となる。そして、主権の問いに関しては、ナンシーはかつてジョルジュ・バタイユが提出した〈至高性＝主権とは何ものでもない＝無である。〔la souveraineté n'est *rien.*〕〉というテーゼにしたがって、「民主主義の統治《クラテイン》」が、「人民の権力」が目指すべきなのは、「まず支配《アルシー》を挫折させ、ついで万人がそして一人ひとりが、こうして白日のもとに晒け出された無限の開けを引き受けることを可能ならしめることであると言う。「この開けを引き受けること」は「無限なるものの有限な書き込みを可能にする」ことにほかならず、そこから帰結するのは「一般的等価性の不可避的な無効化である」[38]——ここには、デリダにおける「誰でもよい者の計算不可能な特異性」という概念を、マルクスとバタイユを介して独自の仕方で再‐翻訳しようとするナンシーの姿勢がある。

そして、ここからわれわれもまた、『ならず者たち』におけるデモス概念をマルクスを経由しながらデリダへと送り返してみる誘惑にかられる。それは、散種としてのデモスという視点である。散種という言語の運動について、われわれはすでに何度か検討を加えてきた。散種とは、精神分析の文脈においては、ファロスという特権的シニフィアンに中心化された記号の場面を解体し、想像的ファロスの欠如《−φ》を唯一のシニフィエとする大文字のΦから出発しかつそのもとへ立ち戻る諸シニフィアンの循環的行程には決して回収されない、シニフィアンならぬ文字素〔gramme〕の終わりなき散逸的運動のことであった。そのことは経済学の文脈においては、ファロスが他のすべてのシニフィアン＝商品を媒介し、かつそれらの価値を表現する「一般的価値形態」である、ということを意味している。同じことをマルクスにいっそう忠実に言い換えれば、「他のすべての商品は貨幣にとって特殊な等価物にすぎないし、貨幣は商品たちの一般的等価物であるのだから、商品たちは一般的商品としての貨幣に対して特殊な商品としてふるまう」と翻訳されるだろう。マルクスは続けて言う――

> 貨幣形態は他のすべての商品の関係がひとつの商品に反射して、それに固着したものにすぎない。

> 〔…〕
> 他の商品がそれぞれの価値をこぞってひとつの商品で表現するがゆえに、はじめてひとつの商品が貨幣になるとは見えないで、逆にひとつの商品が貨幣であるからこそ、他の商品がそれぞれの価値を一般的にその商品〔貨幣〕で表現するように見えるのである。媒介する運動は、運動自身の結果のなかに消失し、いっさい痕跡を残さない。商品たちは、何もしないでも自分自身の完成した価値の姿を、自分の外に自分と並んで現実に存在する商品自体として見出す。[39]

デリダが散種と言うとき、それは第一義的に、ファロスにせよ貨幣にせよ、他のすべてのシニフィアン＝商品の価値を表現するような一般性の次元を占める何かを認めない、という視座を意味している。本来は一シニフィアン＝一商品にすぎないファロス＝貨幣が、他の諸シニフィアン＝諸商品を特殊性の次元に抑圧しつつ、みずからはその「媒介する運動」によって、それらの特殊性たちの価値を決定し表現する一般性の位置にあり続ける――この単純だが根深く払拭しがたい構造を解体することこそが、散種の最も大きな効果なのである。だから、散種としてのデモスとは――もし、そのような存在があり得るとすれば――、デモスたちを特殊性の次元に押し下げ、それらの価値を一方的に決定し表現するような何か、すなわち主権とよばれる怪物的な権能を中断させる、そのような行為体たちのことであるだろう。散種としてのデモスは、一般的価値形態を知らず、否、その発生をつねにあらかじめ破壊する。そして、一切の「媒介する運動」を停止させ、みずからがみずからとして、他者たちが他者たちとして、絶対的に肯定される場面を創り出す。そのとき、社会野は、諸シニフィアン＝諸商品がファロス＝貨幣を中心にして循環する場ではなく、デモスたちのそのつど一回かぎりの、しかし無限に繰り返されるコミュニケーションの場となるだろう。偶然的でランダムな、しかし終わりなき送付からなるコミュニケーション空間……。

かくして、来たるべき民主主義におけるデモスの問いは、主権の問いを必然的に内包しつつ、そのアポリア的不可能性＝可能性において、最大の負荷を帯びた概念としてある。それは市民ではなく、主体ではなく、いかなる固有の名をも持たない、「誰でもよい者」であり、しかし、みずからの「計算不可能な特異性」を、制度に、法に、経済に向けて差し出し、したがってそれを政治へと組み入れることを留保なく要求する、そんな唯一無二の、けれどもつねにすでに多数多様性へと開かれた存在なのである。

来たるべき民主主義――われわれはここではいまだ、その形象をいくつかの角度から覚束ない手つきで素描したにすぎない。しかしそれは、この民主主義の到来が不確実だという意味ではない。まったく反対に、それはその現実化不可能性のまま、今、ここで、はっきりとみずからの到来を告げ知らせているのであり、われわれはその受けとめを先延ばしすることはできない。他者の呼び声、私の不意を打つ遠いあるいは間近な他者からの呼びかけに、私がただちに応えねばならないのと同じように――

この不－可能なることは欠如態ではありません。それは接近不可能なものではありませんし、私が際限なく送り返すことができるものでもありません。それは私にみずからを告げ知らせ、私に襲いかかり、私に先立ち、そして今ここで、ヴァーチャル化できない仕方で、現働態および潜勢態において、私を捉えているのです。〔…〕この緊急性は理念化されるがままにはなりません、他者としての他者がそうであるのと同様に。この不－可能なることは、それゆえ理念（統整的な）あるいは理想（統整的な）ではありません。それは、およそ最も否認しがたく現実的なことなのです。ちょうど他者と同様に。ちょうど他者の還元不可能で再自己固有化不可能な差異と同様に。[40]

註

＊本書では、フランス語による著作からの引用に際して、日本語訳のあるものについては充分参照させていただき、該当箇所を併記するが、訳文はすべて変更されている（ただしジャック・デリダ『弔鐘』鵜飼哲訳（既訳分）、同『ならず者たち』鵜飼哲・高橋哲哉訳に関しては、そのまま使わせていただく）。ジークムント・フロイトに関しては日本語版『フロイト全集』（岩波書店）に基本的に準拠した。その他の外国語文献については、原則として既存の日本語訳にしたがい、変更は軽微である。

序　「科学」の時代における精神分析

（1）　以下の記述は主に「厚生労働省ホームページ・心の健康：認知行動療法」に拠る。この選択は、日本における認知行動療法の最大公約数的方法論がそこに記載されているがゆえである（http://www.mhlw.go.jp/stf/seisakunitsuite/bunya/hukushi_kaigo/shougaishahukushi/kokoro/）。このサイト上には、認知行動療法の適用疾患として、うつ病、強迫性障害、社交不安障害、パニック障害、ＰＴＳＤ（心的外傷後ストレス障害）が挙げられ、それぞれについてかなり詳細な「治療者用マニュアル」が掲示されている。

（2）　ジュディス・Ｓ・ベック『認知行動療法実践ガイド——基礎から応用まで　第2版』伊藤絵美・神村栄一・藤澤大介訳、星和書店、二〇一五年、二頁。

（3）　『ＤＳＭ－５　精神疾患の診断・統計マニュアル』高橋三郎・大野裕監訳、染矢俊幸・神庭重信・尾崎紀夫・三村將・村井俊哉訳、医学書院、二〇一四年。

（4）アレン・フランセス『〈正常〉を救え——精神医学を混乱させるDSM－5への警告』大野裕監修・青木創訳、講談社、二〇一三年、二〇頁、その他随所。

（5）同書、二〇頁。

（6）「〈インタビュー〉DSM－5をめぐって——Dr. Allen Frances に聞く」大野裕（インタビュアー）、『精神医学』二〇一二年八月（第五四巻第八号）、医学書院、八二〇頁。強調引用者。博士は、つぎのような批判的警告も記している——「過去三〇年は恐るべき悪循環の舞台になった。診断のインフレにより、向精神薬の使用が激増する。それが製薬企業に巨大な利益をもたらし、診断のバブルを膨らみつづける風船に仕立てあげる手段と動機を与える。精神科の診断という貨幣の価値は下落し、「正常」は貴重品になる。〔…〕本物の病気にかかっていない人たちのために無駄な努力が費やされ、本物の病気にかかっている人たちがそのしわ寄せを受けて、切実に必要な精神科の診断と治療を受けられなくなっている」。アレン・フランセス、前掲書、一三七頁。

（7）アレン・フランセス、前掲書、四四頁。

第Ⅰ部　耳について

第一章　脱構築と（しての）精神分析——不気味なもの

（1）Jacques Derrida, *Marges—de la philosophie*, Éd. de Minuit, 1972, X.（ジャック・デリダ『哲学の余白（上）』高橋允昭・藤本一勇訳、法政大学出版局、二〇〇七年、一三—一四頁）。

（2）Entretien de Lucette Finas avec Jacques Derrida: « Avoir l'oreille de la philosophie », in Lucette Finas, Sarah Kofman, Roger Laporte et J.-M. Rey, *Écarts—Quatre essais à propos de Jacques Derrida*, Librairie Fayard, 1973, p. 307.

（3）Jacques Derrida, *De la grammatologie*, Éd. de Minuit, 1967, p. 136.（ジャック・デリダ『根源の彼方に――グラマトロジーについて(上)』足立和浩訳、現代思潮社、一九七六年、一八八頁）。

（4）「コローノスのオイディプース」引地正俊訳、『ギリシア悲劇全集』第三巻、岩波書店、一九九〇年、一二一頁、一二〇頁。

（5）同書、一四四―一四六頁。強調引用者。

（6）同書、二〇五―二〇八頁。強調引用者。

（7）Jacques Derrida et Anne Dufourmantelle, *De l'hospitalité*, Calmann-Lévy, 1997, p. 97.（ジャック・デリダ、アンヌ・デュフールマンテル『歓待について――パリのゼミナールの記録』廣瀬浩司訳、産業図書、一九九九年、一一八―一一九頁）。強調引用者。

（8）ジークムント・フロイト「不気味なもの」藤野寛訳、『フロイト全集』第一七巻、岩波書店、二〇〇六年、五頁。

（9）同書、一三頁。

（10）同書、一五頁。強調原文。

（11）同書、一〇頁。強調原文。

（12）同書、一六頁。

（13）同書、三六頁。

（14）同書、四二頁。

（15）同書、四一―四二頁。

（16）同書、一八頁。以下、『砂男』に関する引用は一八―二一頁。

(17) 同書、二二三頁。
(18) 同右。
(19) 同書、二二四頁。
(20) 同書、二二六―二二七頁。
(21) 同書、二二七頁。
(22) 同右。
(23) 同書、二二八頁。
(24) 同右。
(25) 同右。
(26) 同書、二二九頁。
(27) 同右。
(28) 同書、二三〇頁。
(29) 同書、二三一頁。
(30) 同右。
(31) 同書、二三一―二三二頁。
(32) 同右。強調引用者。
(33) ジークムント・フロイト『快原理の彼岸』須藤訓任訳、『フロイト全集』第一七巻、前掲書、七五頁。
(34) 同書、六五頁。
(35) 同書、六一頁。
(36) 同書、六二頁。

(37) 同書、七〇―七一頁。
(38) 同書、八五頁。
(39) 同書、九二頁。
(40) 同右。強調原文。
(41) 同書、九三頁。
(42) 同書、一一〇頁。
(43) Jacques Derrida, *L'écriture et la différence*, Éd. du Seuil, coll. «Points», 1967, pp. 300-301.（ジャック・デリダ『エクリチュールと差異』合田正人・谷口博史訳、法政大学出版局、二〇一三年、四〇九頁）。強調原文。
(44) *Ibid.*, p. 302.（同書、四一一頁）。強調原文。
(45) Gilles Deleuze et Félix Guattari, *L'Anti-Œdipe—Capitalisme et Schizophrénie*, Éd. de Minuit, 1972, p. 70.（ジル・ドゥルーズ&フェリックス・ガタリ『アンチ・オイディプス――資本主義と分裂症（上）』宇野邦一訳、河出文庫、二〇〇六年、一一五頁）。
(46) *Ibid.*, p. 368.（ジル・ドゥルーズ&フェリックス・ガタリ『アンチ・オイディプス――資本主義と分裂症（下）』宇野邦一訳、河出文庫、二〇〇六年、一七三頁）。
(47) *Ibid.*, p. 71.（ジル・ドゥルーズ&フェリックス・ガタリ『アンチ・オイディプス（上）』前掲翻訳書、一一七頁）。
(48) Jacques Derrida, «La différance», in *Marges—de la philosophie*, p. 19.（ジャック・デリダ「差延」、『哲学の余白（上）』前掲翻訳書、六〇頁）。
(49) *Ibid.*（同右）。

(50) *Ibid.*, pp. 20-21.(同書、六一—六四頁)。

第二章 ラカンを超えて——ファロス・翻訳・固有名

(1) Jacques Derrida, *La dissémination*, Éd. du Seuil, 1972, p. 56.(ジャック・デリダ『散種』藤本一勇・立花史・郷原佳以訳、法政大学出版局、二〇一三年、七二頁)。強調原文。

(2) Jacques Derrida, *De la grammatologie*, Éd. de Minuit, 1967, p. 136.(ジャック・デリダ『根源の彼方に——グラマトロジーについて(上)』足立和浩訳、現代思潮社、一九七六年、一八七頁)。

(3) Jacques Derrida, *Résistances—de la psychanalyse*, Éd. Galilée, 1996, p. 72.(ジャック・デリダ『精神分析の抵抗——フロイト、ラカン、フーコー』鵜飼哲・守中高明・石田英敬訳、青土社、二〇〇七年、一〇四頁)。

(4) *Ibid.*, p. 74.(同書、一〇六頁)。

(5) Luce Irigaray, «Pouvoir du discours, subordination du féminin», in *Ce sexe qui n'en est pas un*, Éd. de Minuit, 1977, p. 67.

(6) ジークムント・フロイト「幼児期の性器的編成」本間直樹訳、『フロイト全集』第一八巻、岩波書店、二〇〇七年。

(7) Luce Irigaray, *op.cit.*, p. 68.

(8) *Ibid.*

(9) *Ibid.*, p. 75.

(10) Luce Irigaray, «Ce sexe qui n'en est pas un», in *Ce sexe qui n'en est pas un*, p. 30.

(11) Jacques Lacan, «Le séminaire sur «La lettre volée»», in *Écrits*, Éd. du Seuil, 1966, p. 24.(ジャック・

ラカン「『盗まれた手紙』についてのセミネール」、『エクリ Ⅰ』宮本忠雄・竹内迪也・高橋徹・佐々木孝次訳、弘文堂、一九七二年、二五頁）。

（12）*Ibid.*, p. 30.（同書、三二頁）。

（13）Jacques Derrida, «Le facteur de la vérité», in *La Carte postale—de Socrate à Freud et au-delà*, Éd. Flammarion, 1980, p. 450.（ジャック・デリダ「真実の配達人」清水正・豊崎光一訳、『デリダ読本——手紙・家族・署名』〔『現代思想　臨時増刊』〕、青土社、一九八二年二月、二九頁）。強調原文。

（14）Jacques Lacan, «Subversion du sujet et dialectique du désir dans l'inconscient freudien», in *Écrits*, pp. 822-823.（ジャック・ラカン「フロイトの無意識における主体の転覆と欲望の弁証法」、『エクリ Ⅲ』佐々木孝次・海老原英彦・芦原眷訳、弘文堂、一九八一年、三三六—三三七頁）。

（15）Jacques Lacan, «Le sujet et l'Autre (II): L'aphanisis», in *Le Séminaire, Livre XI, Les quatre concepts fondamentaux de la psychanalyse*, Éd. du Seuil, 1973, p. 199.（ジャック・ラカン「主体と〈他者〉（Ⅱ）——アファニシス」、『精神分析の四基本概念』小出浩之・新宮一成・鈴木國文・小川豊昭訳、岩波書店、二〇〇〇年、二九四頁）。

（16）Jacques Derrida, *op.cit.*, p. 469.（ジャック・デリダ「真実の配達人」前掲翻訳書、五五頁）。強調原文。

（17）Jacques Lacan, «La signification du phallus», in *Écrits*, p. 692.（ジャック・ラカン「ファロスの意味作用」、『エクリ Ⅲ』前掲翻訳書、一五六頁）。強調引用者。

（18）Jacques Derrida, «Sémiologie et Grammatologie: entretien avec Julia Kristeva», in *Positions*, Éd de Minuit, 1972, p. 31.（ジャック・デリダ「記号学とグラマトロジー——ジュリア・クリステヴァとの対話」、『ポジシオン』高橋允昭訳、青土社、一九八一年、三一頁）。

（19）*Ibid.*（同書、三二—三三頁）。強調原文。

(20) ジークムント・フロイト『日常生活の精神病理学にむけて』、第一章「固有名詞の度忘れ」高田珠樹訳、『フロイト全集』第七巻、岩波書店、二〇〇七年、四—一一頁。

(21) 同書、七—八頁。強調原文。

(22) この一般的メカニズムは、フロイトによれば「一、名前それ自身がそういった性向をそなえ、二、その直前に抑え込みの過程があったこと。三、該当する名前とその直前に抑え込んだ要素とのあいだに外的な連想を設ける可能性があること」である（同書、一〇頁）。強調原文。

(23) 同書、九頁。強調引用者。

(24) Jacques Derrida, «Le facteur de la vérité», p. 470.（ジャック・デリダ「真実の配達人」前掲翻訳書、五五—五六頁）。

(25) Jacques Derrida, «+R (par-dessus le marché)», in *La vérité en peinture*, Éd. Flammarion, 1978, p. 180, pp. 182-183.（ジャック・デリダ「+R（おまけに）」、『絵画における真理（上）』高橋允昭・安部宏慈訳、法政大学出版局、一九九七年、二五〇頁、二五三—二五四頁）。

(26) Jacques Derrida, *Glas*, Éd. Galilée, 1974, pp. 179-180.

(27) *Ibid.*, p. 11.（ジャック・デリダ『弔鐘』鵜飼哲訳、『批評空間』第Ⅱ期一五号、太田出版、一九九七年、xii－二三八頁）。

(28) *Ibid.*, pp. 39-41.（ジャック・デリダ『弔鐘』鵜飼哲訳、『批評空間』第Ⅱ期二〇号、太田出版、一九九九年、x－二六〇頁、xiv－二五六頁）。強調原文。

(29) *Ibid.*, pp. 27-28.（ジャック・デリダ『弔鐘』鵜飼哲訳、『批評空間』第Ⅱ期一九号、太田出版、一九九八年、vi－二六四頁）。

第Ⅱ部　秘密について

第一章　告白という経験——フーコーからデリダへ

（1）Jacques Derrida, Saint Augustin, *Des Confessions*, Éd. Stock, 2007, p. 52.
（2）*Ibid.*, p. 57.
（3）Michel Foucault, *Histoire de la sexualité I—La volonté de savoir*, Éd. Gallimard, coll. «tel», 1976, p. 78.（ミシェル・フーコー『性の歴史Ⅰ　知への意志』渡辺守章訳、新潮社、一九八六年、七六頁）。
（4）*Ibid.*, p. 79.（同書、七六—七七頁）。
（5）*Ibid.*, p. 78.（同書、七六頁）。
（6）Michel Foucault, *Sécurité, Territoire, Population: Cours au Collège de France (1977-1978)*, Éd. Seuil/Gallimard, 2004, pp. 151-152.（『ミシェル・フーコー講義集成 Ⅶ　安全・領土・人口』（コレージュ・ド・フランス講義一九七七—一九七八年度）高桑和巳訳、筑摩書房、二〇〇七年、一八三頁）。
（7）*Ibid.*, p. 168.（同書、二〇五頁）。
（8）*Ibid.*, p. 170.（同書、二〇七頁）。
（9）*Ibid.*, p. 187.（同書、二二七頁）。
（10）*Ibid.*（同右）。
（11）Michel Foucault, *Du gouvernement des vivants: Cours au Collège de France (1979-1980)*, Éd. Seuil/Gallimard, 2012, p. 82.（『ミシェル・フーコー講義集成 Ⅸ　生者たちの統治』（コレージュ・ド・フランス講義一九七九—一九八〇年度）廣瀬浩司訳、筑摩書房、二〇一五年、九六頁）。強調引用者。

(12) *Ibid*., p. 227.(同書、二六四頁)。
(13) *Ibid*., p. 297.(同書、三四八頁)。
(14) *Ibid*., p. 302.(同書、三五三頁)。強調引用者。
(15) «alèthurgie»:フーコーの造語。ギリシア語「アレートゥールギア〔alēthourgia〕」をフランス語化した語で「真理を出現させる言語的・非言語的手続きの総体」を指す。
(16) Michel Foucault, *op.cit*., p. 303.(『ミシェル・フーコー講義集成 IX 生者たちの統治』前掲翻訳書、三五四頁)。強調引用者。
(17) Michel Foucault, *Mal faire, dire vrai—Fonction de l'aveu en justice, Cours de Louvain, 1981*, Presses Universitaires de Louvain, 2012, p. 138.(ミシェル・フーコー『悪をなし真実を言う ルーヴァン講義一九八一』市田良彦監訳、上尾真道・信友建志・箱田徹訳、河出書房新社、二〇一五年、二一二頁)。強調原文。
(18) *Ibid*., p. 139.(同書、二一三頁)。
(19) Michel Foucault, *Histoire de la sexualité I—La volonté de savoir*, p. 82.(ミシェル・フーコー『性の歴史 I 知への意志』前掲翻訳書、七九—八〇頁)。
(20) *Ibid*., p. 87.(同書、八五頁)。
(21) *Ibid*.(同右)。
(22) *Ibid*., p. 88.(同書、八五—八六頁)。
(23) *Ibid*., pp. 88-89.(同書、八六頁)。
(24) *Ibid*., p. 89.(同書、八七頁)。強調原文。
(25) *Ibid*., p. 90.(同書、八八頁)。

（26）Michel Foucault, *Mal faire, dire vrai—Fonction de l'aveu en justice*, p. 199.（ミシェル・フーコー『悪をなし真実を言う』前掲翻訳書、二九三頁）。

（27）Jacques Derrida, «Le facteur de la vérité», in *La Carte postale—de Socrate à Freud et au-delà*, Éd. Flammarion, 1980, p. 465.（ジャック・デリダ「真実の配達人」清水正・豊崎光一訳、『デリダ読本――手紙・家族・署名』〔『現代思想　臨時増刊』〕、青土社、一九八二年二月、四九―五〇頁）。強調原文。

（28）*Ibid.*, p. 467.（同書、五二―五三頁）。強調引用者。

（29）Jacques Lacan, «Le séminaire sur «La lettre volée»», in *Écrits*, Éd. du Seuil, 1966, p. 21.（ジャック・ラカン「『盗まれた手紙』についてのセミネール」、『エクリ　I』所収、佐々木孝次訳、弘文堂、一九七二年、二一頁）。

（30）Jacques Derrida, *Passions*, Éd. Galilée, 1993, p. 58.（ジャック・デリダ『パッション』湯浅博雄訳、未來社、二〇〇一年、五六頁）。強調原文。

（31）*Ibid.*, p. 60.（同書、五八頁）。強調原文。

（32）*Ibid.*, p. 57.（同書、五五頁）。

（33）*Ibid.*, pp. 58-59.（同書、五七頁）。強調引用者。

（34）*Ibid.*, pp. 61-62.（同書、六〇―六一頁）。

（35）Jacques Derrida, *Khôra*, Éd. Galilée, 1993, pp. 32-33.（ジャック・デリダ『コーラ　プラトンの場』守中高明訳、未來社、二〇〇四年、二六―二七頁）。強調原文。

（36）Jacques Derrida, *Passions*, p. 62.（ジャック・デリダ『パッション』前掲翻訳書、六一頁）。

（37）*Ibid.*, p. 66.（同書、六五―六六頁）。

第二章　埋葬された「罪＝恥」の系譜学――クリプトをめぐって

（1）Jacques Derrida, «Fors», in Nicolas Abraham et Maria Torok, *Cryptonymie—Le verbier de l'Homme aux loups*, Éd. Aubier-Flammarion, 1976, p.17.（ジャック・デリダ「Fors」、ニコラ・アブラハム＆マリア・トローク『狼男の言語標本――埋葬語法の精神分析／付・デリダ序文《Fors》』港道隆・森茂起・前田悠希・宮川貴美子訳、法政大学出版局、二〇〇六年、一八三頁）。強調原文。

（2）*Ibid.*, p.25.（同書、一九一頁）。

（3）Nicolas Abraham, «Le symbole ou l'au-delà du phénomène», 1961, «Réflexions phénoménologiques sur les implications structurelles et génétiques de la psychanalyse», 1959, in Nicolas Abraham et Maria Torok, *L'Écorce et le noyau*, Éd. Flammarion, 2001 (éd. augmentée).（ニコラ・アブラハム「象徴　あるいは現象の彼岸」一九六一年初出、「精神分析の構造的および発生論的含意についての現象学的省察」一九五九年初出、ニコラ・アブラハム＆マリア・トローク『表皮と核』大西雅一郎・山崎冬太監訳、松籟社、二〇一四年、所収）。

（4）Jacques Derrida, ««Genèse et structure» et la phénoménologie», in *L'écriture et la difference*, coll. «Points», Éd. du Seuil, 1967.（ジャック・デリダ「「発生と構造」と現象学」、『エクリチュールと差異』合田正人・谷口博史訳、法政大学出版局、二〇一三年、所収）。

（5）ブノワ・ペータース『デリダ伝』原宏之・大森晋輔訳、白水社、二〇一四年、一三九頁。

（6）Maria Torok, «La signification de l'«envie du pénis» chez la femme», 1964, in Nicolas Abraham et Maria Torok, *L'Écorce et le noyau*.（マリア・トローク「女性における「ペニス羨望」の意味作用」、一九六四年初出、ニコラ・アブラハム＆マリア・トローク『表皮と核』前掲翻訳書、所収）。

（7）Nicolas Abraham et Maria Torok, *Cryptonymie—Le verbier de l'Homme aux loups*.（ニコラ・アブ

ラハム&マリア・トローク『狼男の言語標本——埋葬語法の精神分析／付・デリダ序文《Fors》』前掲翻訳書)。
(8) ジークムント・フロイト「ある幼児期神経症の病歴より〔狼男〕」須藤訓任訳、『フロイト全集』第一四巻、岩波書店、二〇一〇年、一一一頁。
(9) 同書、九頁。
(10) 同右。
(11) 同右。
(12) 同右。
(13) 同書、一〇頁。
(14) 同書、一八頁。
(15) ミュリエル・ガーディナー『狼男による狼男——フロイトの「最も有名な症例」による回想』馬場謙一訳、みすず書房、二〇一四年。
(16) 『フロイト全集』第一四巻、前掲書、二五—二六頁。訳文変更。
(17) 同書、二六頁。訳文変更。
(18) 以上はすべて同書、二七—二九頁。
(19) 同書、三〇頁。
(20) 同書、三〇—三一頁。
(21) 同書、三一頁。強調引用者。
(22) 同書、三二頁。強調原文。
(23) この「原光景」の解釈についてはすべて同書、三五—三六頁。ただし訳文は、『フロイト著作集』第九巻、小此木啓吾訳、人文書院、三七五頁、四一六頁をも参照し修正。
(24) 『フロイト全集』第一四巻、前掲書、三七頁。強調引用者。
(25) 同書、四一—四二頁。ただし訳文は、『フロイト著作集』第九巻、前掲書、三八〇頁をも参照し修正。
(26) Maria Torok, «Maladie du deuil et fantasme du cadavre exquis», in Nicolas Abraham et Maria Torok, *L'Écorce et le noyau*, p. 235.（マリア・トローク「喪の病と妙なる屍体のファンタスム」、『表皮と核』前掲翻訳書、二五九—二六〇頁）。
(27) *Ibid.*（同書、二六〇頁）。強調原文。
(28) *Ibid.*, pp. 235-236.（同右）。強調原文。
(29) *Ibid.*, p. 237.（同右）。
(30) *Ibid.*（同書、二六一頁）。
(31) *Ibid.*（同書、二六二頁）。強調引用者。
(32) *Ibid.*, p. 232.（同書、二五七頁）。
(33) *Ibid.*, p. 242.（同書、二六七頁）。
(34) *Ibid.*（同右）。強調原文。
(35) Nicolas Abraham et Maria Torok, «Deuil ou mélancolie, Introjecter-incorporer», in *L'Écorce et le noyau*, p. 266.（ニコラ・アブラハム＆マリア・トローク「喪あるいはメランコリー——取り込むこと－体内化すること」、『表皮と核』前掲翻訳書、二九三頁）。
(36) Jacques Derrida, «Fors», pp. 13-14.（ジャック・デリダ「Fors」前掲翻訳書、一八〇頁）。強調原文。
(37) 『フロイト全集』第一四巻、前掲書、一五頁。ただし訳文は、『フロイト著作集』第九巻、前掲書、三五九頁をも参照し修正。以下同様。

（38）同右。
（39）同書、一六頁。参照、同右、三六〇頁。
（40）同書、一七頁。参照、同右、三六一頁。
（41）同書、一八頁。参照、同右。
（42）同右。
（43）同書、九八頁。参照、同右、四二七―四二八頁。
（44）Nicolas Abraham et Maria Torok, «Deuil ou mélancolie, Introjecter-incorporer», p. 269.（ニコラ・アブラハム&マリア・トローク「喪あるいはメランコリー、取り込むこと－体内化すること」前掲翻訳書、二九六頁）。
（45）*Ibid.*（同右）。
（46）Nicolas Abraham et Maria Torok, *Cryptonymie—Le verbier de l'Homme aux loups, précédé de Fors par Jacques Derrida*, p. 145.（ニコラ・アブラハム&マリア・トローク『狼男の言語標本――埋葬語法の精神分析／付・デリダ序文《Fors》』前掲翻訳書、七三頁）。
（47）*Ibid.*, pp. 145-153.（同書、七三―八二頁）。
（48）Nicolas Abraham et Maria Torok, «Deuil ou mélancolie, Introjecter-incorporer», p. 270.（ニコラ・アブラハム&マリア・トローク「喪あるいはメランコリー、取り込むこと－体内化すること」前掲翻訳書、二九七頁）。強調引用者。
（49）Jacques Derrida, *op.cit.*, pp. 20-21.（ジャック・デリダ「Fors」前掲翻訳書、一八六―一八七頁）。強調原文。
（50）Nicolas Abraham et Maria Torok, «“L'objet perdu-moi». Notations sur l'identificatioin endocryp-

tique », in *L'Écorce et le noyau*, p. 297.（ニコラ・アブラハム＆マリア・トローク「喪われた対象－自我」クリプト内的同一化についての覚書」、『表皮と核』前掲翻訳書、三三一頁）。

(51) Nicolas Abraham et Maria Torok, « Notes du séminaire sur l'unité duelle et le fantôme », in *L'Écorce et le noyau*, pp. 408-409.（ニコラ・アブラハム＆マリア・トローク「双数的一体性と亡霊に関するセミネールのノート」、『表皮と核』前掲翻訳書、四四八頁）。

(52) *Ibid.*, p. 409.（同書、四四八頁）。

(53) *Ibid.*, p. 410.（同書、四四九頁）。

(54) *Ibid.*（同書、四四九—四五〇頁）。

(55) *Ibid.*（同書、四五〇頁）。

(56) *Ibid.*, p. 411.（同右）。

(57) *Ibid.*（同書、四五〇—四五一頁）。

(58) *Ibid.*（同書、四五一頁）。

(59) *Ibid.*, p. 409.（同書、四四八頁）。

(60) 敗戦時の天皇制の温存と「一億総懺悔」という心性の形成については、拙稿「ファロス・亡霊・天皇制——ジャック・デリダと中上健次」、『総特集　デリダ——一〇年目の遺産相続』（『現代思想　臨時増刊』）、青土社、二〇一五年二月、三二二—三四四頁を参照。

(61) Nicolas Abraham, « Notules sur le fantôme », in Nicolas Abraham et Maria Torok, *L'Écorce et le noyau*, p. 429.（ニコラ・アブラハム「亡霊についての略註」、ニコラ・アブラハム＆マリア・トローク『表皮と核』前掲翻訳書、四六九頁）。強調引用者。

第Ⅲ部　灰について

第一章　終わりなき喪、不可能なる喪――アウシュヴィッツ以後の精神

（1）Jacques Derrida, *Feu la cendre*, Éd. Des Femmes, 1987, pp. 41-42.（ジャック・デリダ『火ここになき灰』梅木達郎訳、松籟社、二〇〇三年、六〇―六一頁）。

（2）Jacques Derrida, *Schibboleth—pour Paul Celan*, Éd. Galilée, 1986, p. 72.（ジャック・デリダ『シボレート――パウル・ツェランのために』飯吉光夫・小林康夫・守中高明訳、岩波書店、一九九〇年、一二一頁）。

（3）ジークムント・フロイト「喪とメランコリー」伊藤正博訳、『フロイト全集』第一四巻所収、岩波書店、二〇一〇年、二七三頁。ただし訳文・文字遣い軽度に変更、以下同様。

（4）同書、二七四頁。

（5）同書、二七五頁。

（6）同右。

（7）同書、二七五―二七六頁。

（8）同書、二八九頁。

（9）同書、二七七頁。

（10）同書、二七六頁。

（11）同右。

（12）同右。強調原文。

(13) 同右。
(14) 同書、二八〇頁。
(15) 同書、二八一頁。強調原文。
(16) マルティン・ハイデガー『存在と時間』原佑・渡辺二郎訳、中央公論社、一九七一年、四二八頁。強調原文。
(17) 同書、四一〇頁。強調原文。
(18) 同右。強調原文。
(19) 同書、四二八頁。
(20) 同右。
(21) 同書、四二九頁。強調原文。
(22) 同書、四三一頁。強調原文。
(23) 同書、三九五頁。
(24) 同書、四二八頁。
(25) 同書、三九二頁。強調原文。
(26) 同書、三九三頁。強調原文。
(27) 同書、三九三―三九四頁。
(28) 同書、三九四頁。
(29) 同右。強調原文。
(30) 同書、四二八頁。
(31) この点に関するデリダの鋭利な批判については後述する。

(32) テオドール・W・アドルノ『否定弁証法』木田元・渡辺祐邦・須田朗・徳永恂・三島憲一・宮武昭訳、作品社、一九九六年、四四〇頁。
(33) マルティン・ハイデガー「危機」、『ハイデッガー全集』第七九巻「ブレーメン講演とフライブルク講演」森一郎+ハルムート・ブフナー訳、創文社、二〇〇三年、七二—七三頁。強調引用者。
(34) ジョルジョ・アガンベン『アウシュヴィッツの残りのもの——アルシーヴと証人』上村忠男・廣石正和訳、月曜社、二〇〇一年、九九頁。
(35) 同書、六七頁。
(36) 同書、一一二頁。
(37) 同書、一一二—一一三頁。
(38) クロード・ランズマン『ショアー』高橋武智訳、作品社、一九九五年、二頁。この作品はナチによるユダヤ人絶滅作戦の真実に迫る比肩するもののない歴史的価値を有する。その一方で、ランズマン監督が親イスラエル派のイデオローグであるという事実は、最低限付言しておく必要があるだろう。だが、仮に監督のうちに、たとえばイスラエル建国を肯定するような隠されたシオニスト的意図があったとしても、この作品が監督の意図を離れて、歴史の真実を証言するすぐれたドキュメンタリーであることに変わりはない。
(39) 同書、二二七頁。
(40) 同書、二二九頁。強調原文。
(41) 同書、二三〇頁。
(42) 同右。
(43) 同書、三六一頁。

(44) 同書、三六二頁。
(45) 同書、三六三頁。強調原文。
(46) ジークムント・フロイト、前掲書、二七七頁。
(47) 同右。
(48) 同書、二七三頁。
(49) 同書、二八四頁。
(50) プリーモ・レーヴィ『溺れるものと救われるもの』竹山博英訳、朝日新聞社、二〇〇〇年、八一―八二頁。
(51) 同書、九〇頁。
(52) ジョルジョ・アガンベン、前掲書、一四一頁。
(53) 同書、一四二頁。
(54) Jacques Derrida, *op.cit.*（ジャック・デリダ『シボレート――パウル・ツェランのために』前掲翻訳書）。
(55) Jacques Derrida, *Feu la cendre.*（ジャック・デリダ『火ここになき灰』前掲翻訳書）。
(56) Jacques Derrida, *Mémoires—pour Paul de Man*, Éd. Galilée, 1988.
(57) Jacques Derrida, *Schibboleth—pour Paul Celan*, p. 77.（ジャック・デリダ『シボレート――パウル・ツェランのために』前掲翻訳書、一三四―一三五頁）。強調原文。
(58) Jacques Derrida, *Feu la cendre*, p. 23.（ジャック・デリダ『火ここになき灰』前掲翻訳書、三七頁）。強調原文。
(59) Jacques Derrida, *Schibboleth—pour Paul Celan*, p. 66.（ジャック・デリダ『シボレート――パウル・

ツェランのために』前掲翻訳書、一〇八頁)。
(60) *Ibid.*, p. 95.(同書、一六六―一六七頁)。
(61) Jacques Derrida, « Mnemosyne », in *Mémoires—pour Paul de Man*, p. 49. 強調原文。
(62) *Ibid.*, p. 54.
(63) *Ibid.*
(64) *Ibid.*
(65) *Ibid.*
(66) *Ibid.*, p. 55.
(67) *Ibid.*, p. 56. 強調原文。

第二章　ヘーゲルによるアンティゴネー——『弔鐘』を読む

(1) ソフォクレス『アンティゴネー』柳沼重剛訳、『ギリシア悲劇全集』第三巻、岩波書店、一九九〇年、所収、二六七頁。
(2) Jacques Derrida, *Glas*, Éd. Galilée, 1974, p. 27.(ジャック・デリダ『弔鐘』鵜飼哲訳、『批評空間』第Ⅱ期一九号、太田出版、一九九八年、iii－二六七頁)。
(3) *Ibid.*, p. 7.(ジャック・デリダ『弔鐘』鵜飼哲訳、『批評空間』第Ⅱ期一五号、太田出版、一九九七年、i－二四九頁)。訳文軽度に変更。
(4) *Ibid.*(同書、ii－二四八頁)。
(5) *Ibid.*(同書、i－二四九頁)。
(6) *Ibid.*, pp. 7-8.(同書、iv－二四六頁)。

（7）*Ibid.*, p. 8.（同書、vi－二四四頁）。
（8）*Ibid.*（同右）。
（9）*Ibid.*, p. 10.（同書、ix－二四一頁）。
（10）*Ibid.*, p. 12.（同書、xiii－二三七頁）。訳文軽度に変更。
（11）ソフォクレス『アンティゴネー』前掲書、二四五頁。
（12）同書、二六二頁。
（13）同書、二七七頁。
（14）同書、三〇三頁。
（15）G・W・F・ヘーゲル『精神現象学』樫山欽四郎訳、「世界の大思想」第一二巻、河出書房新社、一九六六年、二六二頁。強調原文、訳文軽度に変更。以下同様。
（16）同右。
（17）同右。
（18）同書、二六二―二六三頁。強調原文。
（19）同書、二七三―二七四頁。強調原文。
（20）Jacques Derrida, *op.cit.*, p. 167.
（21）*Ibid.*, pp. 167–168.
（22）*Ibid.*, p. 168.
（23）*Ibid.*, p. 169.
（24）G・W・F・ヘーゲル『精神現象学』前掲書、二六四―二六五頁。強調原文。
（25）Jacques Derrida, *op.cit.*, p. 169.

(26) *Ibid.*, p. 170.

(27) *Ibid.*

(28) *Ibid.*, p. 171, p. 183. 強調引用者。

(29) *Ibid.*, p. 186. 強調原文。

(30) G・W・F・ヘーゲル『精神現象学』前掲書、二六五頁。強調原文。

(31) Jacques Derrida, *op.cit.*, p. 186.

(32) *Ibid.*, pp. 187–188.

(33) *Ibid.*, p. 188.

(34) *Ibid.*, p. 170.

(35) *Ibid.*

(36) *Ibid.*

(37) *Ibid.*

(38) *Ibid.*, p. 187.

第Ⅳ部 主権について

第一章 絶対的歓待の今日そして明日——精神分析の政治‐倫理学

(1) Jacques Derrida, *Adieu—à Emmanuel Lévinas*, Éd. Galilée, 1997, p. 85.（ジャック・デリダ『アデュー——エマニュエル・レヴィナスへ』藤本一勇訳、岩波書店、二〇〇四年、六八頁）。

(2) *Ibid.*, p. 53.（同書、三九頁）。強調原文。

（3）以上の状況と経緯については、主として「朝日新聞」記事データベース「聞蔵Ⅱビジュアル」に拠る。

（4）Jacques Derrida et Jürgen Habermas, «Auto-immunités, suicides réels et symboliques», in *Le «concept» du 11 septembre—Dialogue à New York (octobre-décembre 2001) avec Giovanna Borradori*, Éd. Galilée, 2004.（「自己免疫性、現実的自殺と象徴的自殺——ジャック・デリダとの対話」、ユルゲン・ハーバーマス、ジャック・デリダ、ジョヴァンナ・ボッラドリ『テロルの時代と哲学の使命』藤本一勇・澤里岳史訳、岩波書店、二〇〇四年）。

（5）*Ibid.*, pp. 183-186.（同書、一九二—一九七頁）。強調原文。

（6）*Ibid.*, p. 186.（同書、一九七頁）。

（7）*Ibid.*（同右）。

（8）*Ibid.*, p. 187.（同書、一九八頁）。

（9）Émile Benveniste, *Le Vocabulaire des institutions indo-européennes*, t. 1, Éd. de Minuit, 1969, p. 87 sq.（エミール・バンヴェニスト『インド＝ヨーロッパ諸制度語彙集 Ⅰ』前田耕作監修、言叢社、一九八六年、八〇頁以下）。この語源的考察およびつぎの註（10）のデリダからの引用は、拙著『法』（岩波書店、二〇〇五年）第Ⅱ部第二章「歓待の掟——他性・言語・公共空間」における記述とその一部が重複している。基礎認識に関わる必須の一次文献であるがゆえ（バンヴェニストのこの考察はデリダもまた別の文脈で複数回援用している）、読者諸賢のご理解をいただければ幸いである。

（10）Jacques Derrida, *Adieu—à Emmanuel Lévinas*, p. 79.（ジャック・デリダ『アデュー——エマニュエル・レヴィナスへ』前掲翻訳書、六三—六四頁）。強調原文。

（11）イマヌエル・カント『永遠平和のために』宇都宮芳明訳、岩波文庫、四七頁。強調原文。

（12）同右。

（13）Jacques Derrida, *op.cit.*, p. 79.（ジャック・デリダ『アデュー――エマニュエル・レヴィナスへ』前掲翻訳書、六四頁）。強調原文。

（14）*Ibid.*, p. 173.（同書、一四九―一五〇頁）。強調原文。

（15）Jacques Derrida et Jürgen Habermas, *op.cit.*, p. 188.（ユルゲン・ハーバーマス、ジャック・デリダ、ジョヴァンナ・ボッラドリ『テロルの時代と哲学の使命』前掲翻訳書、一九九頁）。強調原文。

（16）*Ibid.*（同右）。強調原文。

（17）*Ibid.*, p. 189.（同書、二〇〇頁）。強調原文。

（18）*Ibid.*（同書、二〇一頁）。

（19）*Ibid.*, p. 191.（同書、二〇三―二〇四頁）。強調原文。

（20）Jacques Derrida, *Positions*, Éd. de Minuit, 1972, pp. 120-121.（ジャック・デリダ『ポジシオン』高橋允昭訳、一九八一年、青土社、一二八―一二九頁）。強調原文。

（21）Jacques Lacan, «Le séminaire sur «La lettre volée»», in *Écrits*, Éd. du Seuil, 1966, p. 53.（ジャック・ラカン「『盗まれた手紙』についてのセミネール」、『エクリ Ⅰ』宮本忠雄・竹内迪也・高橋徹・佐々木孝次訳、弘文堂、一九七二年、六四頁）。

（22）Jacques Derrida, «Le facteur de la vérité», in *La Carte postale—de Socrate à Freud et au-delà*, Éd. Flammarion, 1980, p. 470.（ジャック・デリダ「真実の配達人」清水正・豊崎光一訳、『デリダ読本――手紙・家族・署名』〔『現代思想　臨時増刊』〕、青土社、一九八二年二月、五五―五六頁）。

（23）Emmanuel Lévinas, *Totalité et Infini—Essai sur l'extériorité*, Éd. Kluwer Academic, col. «biblio essais», 1990, pp. 214-215.（エマニュエル・レヴィナス『全体性と無限――外部性についての試論』合田正人訳、国文社、一九八九年、二九六―二九七頁）。強調引用者。

（24） *Ibid.*, pp. 341-342.（同書、四七〇頁）。強調引用者。

（25） Jacques Derrida, *Khôra*, Éd. Galilée, 1993, p. 92.（ジャック・デリダ『コーラ　プラトンの場』守中高明訳、未來社、二〇〇四年、八五―八六頁）。強調原文。

（26） *Ibid.*, p. 25.（同書、一九頁）。

（27） Jacques Derrida, *Adieu—à Emmanuel Lévinas*, pp. 192-193.（ジャック・デリダ『アデュー――エマニュエル・レヴィナスへ』前掲翻訳書、一六七―一六八頁）。

第二章　来たるべき民主主義――主権・自己免疫・デモス

（1） Jacques Derrida, *Voyous*, Éd. Galilée, 2003, p. 144.（ジャック・デリダ『ならず者たち』鵜飼哲・高橋哲哉訳、みすず書房、二〇〇九年、一九七頁）。

（2） *Ibid.*, p. 126.（同書、一七三頁）。

（3） 社会科学高等研究院（ＥＨＥＳＳ）におけるセミネール「敵対／歓待」（一九九五―九六年度）、「歓待」（一九九六―九七年度）。また、Jacques Derrida et Anne Dufourmantelle, *De l'hospitalité*, Calmann-Lévy, 1997.（ジャック・デリダ、アンヌ・デュフールマンテル『歓待について――パリのゼミナールの記録』廣瀬浩司訳、産業図書、一九九九年）。

（4） 同右・セミネール「偽証と赦し」（一九九七―九八年度／一九九八―九九年度）。また、Jacques Derrida, *Pardonner—L'impardonnable et l'imprescriptible*, Éd. Galilée, 2012.（ジャック・デリダ『赦すこと――赦し得ぬものと時効にかかり得ぬもの』守中高明訳、未來社、二〇一五年。およびその訳者解説「不-可能なることの切迫――来たるべき赦しの倫理学のために」を参照されたい）。

（5） Jacques Derrida, *Voyous*, p. 30.（ジャック・デリダ『ならず者たち』前掲翻訳書、三五―三六頁）。

（6）*Ibid.*, p. 31.（同書、三八頁）。
（7）*Ibid.*, p. 33.（同書、四〇頁）。強調原文。
（8）*Ibid.*, p. 34.（同書、四一―四二頁）。
（9）*Ibid.*, p. 47.（同書、六〇頁）。強調原文。
（10）*Ibid.*（同書、六一頁）。強調原文。
（11）*Ibid.*, p. 48.（同右）。
（12）*Ibid.*, p. 62.（同書、八二頁）。強調原文。
（13）*Ibid.*, p. 61.（同書、八一頁）。強調原文。
（14）*Ibid.*, p. 62.（同書、八二―八三頁）。
（15）*Ibid.*, p. 63.（同書、八四頁）。強調原文。
（16）Jacques Derrida, «La différance», in *Marges—de la philosophie*, Éd. de Minuit, 1972, p. 13.（ジャック・デリダ「差延」、『哲学の余白（上）』高橋允昭・藤本一勇訳、法政大学出版局、二〇〇七年、五一頁）。
（17）Jacques Derrida, *Voyous*, pp. 57-58.（ジャック・デリダ『ならず者たち』前掲翻訳書、七五頁）。
（18）*Ibid.*, p. 57.（同書、七四頁）。
（19）*Ibid.*（同右）。
（20）*Ibid.*, p. 71.（同書、九六頁）。強調原文。
（21）*Ibid.*, pp. 64-65（同書、八六頁）。
（22）*Ibid.*, p. 65.（同書、八六頁）。強調引用者。
（23）Jacques Derrida et Jürgen Habermas, «Auto-immunités, suicides réels et symboliques», in *Le «concept» du 11 septembre, Dialogue à New York (octobre-décembre 2001) avec Giovanna Borradori,*

Éd. Galilée, 2003, p. 152.（「自己免疫性、現実的自殺と象徴的自殺――ジャック・デリダとの対話」、ユルゲン・ハーバーマス、ジャック・デリダ、ジョヴァンナ・ボッラドリ『テロルの時代と哲学の使命』藤本一勇・澤里岳史訳、岩波書店、二〇〇四年、一五〇―一五一頁）。

(24) Jacques Derrida, *Voyous*, p. 138.（ジャック・デリダ『ならず者たち』前掲翻訳書、一八九頁）。強調原文。

(25) *Ibid*., p. 210.（同書、二九〇頁）。強調原文。

(26) *Ibid*., p. 87.（同書、一一八頁）。強調原文。

(27) ジークムント・フロイト『集団心理学と自我分析』藤野寛訳、『フロイト全集』第一七巻、岩波書店、二〇〇六年、一九五頁。

(28) ジークムント・フロイト『トーテムとタブー』門脇健訳、『フロイト全集』第一二巻、岩波書店、二〇〇九年、一八二―一八五頁。

(29) Jacques Derrida, *Voyous*, p. 88.（ジャック・デリダ『ならず者たち』前掲翻訳書、一二〇頁）。

(30) *Ibid*., p. 87.（同書、一一八―一一九頁）。

(31) *Ibid*., p. 90.（同書、一二二頁）。

(32) *Ibid*.（同書、一二三頁）。

(33) Jacques Derrida et Jürgen Habermas, *op.cit*., p. 178.（ユルゲン・ハーバーマス、ジャック・デリダ、ジョヴァンナ・ボッラドリ『テロルの時代と哲学の使命』前掲翻訳書、一八五頁）。強調原文。

(34) *Ibid*., pp. 177-178.（同書、一八四―一八五頁）。強調原文。

(35) Jean-Luc Nancy, *Vérité de la démocratie*, Éd. Galilée, 2008, p. 44.（ジャン＝リュック・ナンシー「民主主義の実相」、『フクシマの後で――破局・技術・民主主義』所収、渡名喜庸哲訳、以文社、二〇一二年、一四八頁)。
(36) *Ibid.*, p. 46.(同書、一四九―一五〇頁)。
(37) *Ibid.*, p. 47.(同書、一五〇―一五一頁)。
(38) *Ibid.*, pp. 57-58.(同書、一六一―一六二頁)。
(39) カール・マルクス『マルクス・コレクションⅣ 資本論 第一巻(上)』、今村仁司・三島憲一・鈴木直訳、筑摩書房、二〇〇五年、一三七頁、一四一頁。強調引用者。
(40) Jacques Derrida et Jürgen Habermas, *op.cit.*, p. 194.(ジャック・デリダ、ユルゲン・ハーバーマス、ジョヴァンナ・ボッラドリ『テロルの時代と哲学の使命』前掲翻訳書、二〇八―二〇九頁)。強調原文。

あとがき

ジャック・デリダが精神分析とのあいだに取り結んでいる深く錯綜した関係について、いつの日か包括的な一冊を書きたいと思い始めてから、いったいどれだけの歳月が流れただろう。本書は、その計画の実現には遠く及ばない、いまだ進行中の作業の断片、あるいはついに未完に終わるかも知れない試みへの予備的考察である。

とはいえ、デリダ研究の将来に貢献し得たいくつかの長所がないわけではないと著者としては信ずる。たとえば、第Ⅰ部では「無意識」という概念をフロイト+デリダのテクストにそくして定位し直すことでその通俗的理解を改めると同時に、ラカンの体系的理論へのデリダの脱構築的介入の諸効果を明確化することができただろうし、第Ⅱ部では、精神分析のキリスト教的起源をフーコーの系譜学によって確認しつつ、その制度への抵抗のトポスとしての「秘密」を強調し、かつアブラハム&トロークを再読することで分析という概念自体を最大限に拡張することができたと言えよう。また第Ⅲ部においては、フロイトとハイデガーが出会うことなく交叉する歴史上の場面としてアウシュヴィッツを位置づけた後、デリダの大著『弔鐘』のうちアンティゴネーをめぐる記述に焦点化した読解を試みることで、ヘーゲル的弁証法の暴力とその挫折を再刻印することができたし（ソフォクレスの悲劇『アンティゴネー』は、著者にとって二〇年来の愛着の対象であり、デリダの記述に触発されて、かつて長篇詩『シスター・アンティゴネーの暦のない墓』(思潮社、二〇〇一年)をみずから書いたほどである)、第Ⅳ部においては、現代社会の最大の倫理的‐政治的課題と言える「歓待」の問いと「民主主義」の問いについて、それぞれ精神分析的角度から独自の補助線を引くことができたように思う。しかし、繰り返せば、これらはいまだ未完の作業である。とりわけ『弔鐘』についてはその極限的にパフォーマティヴなエクリチュールの諸効果を縮減することのない一つの読みの実践を、いずれ試みたいと考えている。

だが、そのうえで、なお残った別の具体的な課題がある。著者はこの間、フランス北西部のカーン市にあるIMEC(Institut Mémoires de l'Édition Contemporaine : 現代出版記録研究所)に収蔵されているデリダの未刊行講義録等の調査を断続的に行ない、かなりの分量の資料を蓄積することができた。この資料から問題系を抽出し、狭義のデリダ論ではないある種の宗教哲学‐倫理学についての書物を執筆する計画を著者は立てている。その際には、ユダヤ教、キリスト教、イスラームの三大一神教それぞれのあいだと同時に、日本における仏教との比較思想が必須の作業となるだろう。ここにそのことを記し、自分を縛っておく。

*

この本の成立を可能にしてくれた方々に、心から深い感謝を——

早稲田大学法学学術院の同僚の先生がた、とりわけフランス語・スペイン語合同打ち合わせ会の塚原史、立花英裕、吉田裕、谷昌親、岩村健二郎さんに。著者が二〇一五年秋から二〇一七年春まで特別研究期間制度の適用を受け、こうしてパリで本書の執筆に集中することができたのは、右の方々すべての温かなご理解のおかげである。同学術院の発展のために、今後も一緒に努力させていただきたいと願う。

「脱構築研究会」の各氏に。取りまとめ役の西山雄二さん(首都大学東京准教授)はパリ滞在への橋渡しをしてくださったし、鵜飼哲さん(一橋大学大学院教授)は著者の拙い論考に励ましの言葉をくださった。会員の皆さんの活躍からはつねに刺戟を受け続けている。

パリ西大学〔Université Paris Ouest Nanterre La Défense〕哲学科准教授のピーター・サンディ〔Peter Szendy〕さん、そしてパートナーのローラ・オデロ〔Laura Odello〕さんに。鋭利な音楽学者であり、デリダ・コロックにも何度も参加しているサンディさんは、著者を同大学の客員研究員として受け入れ、パリでの活動を支えてくださった。デリダがその創設者である国際哲学コレージュのプログラム・ディレクターの一人であるオデロさんは、著者に同コレージュでの講演の機会を与えてくださった。お二人の歓待精神にどれだけ助けられたことか。

浅利誠さん(ボルドー第三大学名誉教授)に。デリダのセミネールに一九八四年度から二〇〇三年度まで出席し続けたこの筋金入りのデリディアンは、セミネールの貴重な録音テープを何十本も貸し与えてくださった。現在は独自の日本語文法論を構築しつつある碩学のお仕事の完成をお祈りする。

別の意味での特別な感謝は、岩波書店編集部の西澤昭方さんに捧げられる。この物静かな辣腕編集者は、拙稿の最初の受け取り手として著者をつねに励まし、本書を完成へと導いてくださった。緻密で繊細なそのご配慮にあらためて御礼申し上げる。また、同編集部の坂本政謙さんには、本書の企画立案の段階で西澤さんを交えたブレーン・ストーミングの機会を設けていただいた。シリーズ「思考のフロンティア」以来の変わらぬ友情のしるしを届けたい。

最後に、私事にわたるが妻・章子にもまた。その笑顔が執筆中の著者の孤独な緊張を解いてくれた。

そして、ほんとうに最後に、否、真っ先に、本書を手にしてくださったあなたに。この「暗い時代」(ハンナ・アーレント)をともに生きる厳しい宿命を分かち合う者として、友愛の挨拶をお送りする。

二〇一六年九月一五日、パリ

守中高明

＊本書は、文部科学省科学研究費助成事業(学術研究助成基金助成金)基盤研究(C)課題番号26370034：研究課題名「ジャック・デリダと精神分析の諸問題」の成果の一部である。

初出一覧

●第Ⅰ部　耳について

第一章「脱構築と(しての)精神分析——不気味なもの」:『思想』第一一〇二号(二〇一六年二月)、岩波書店。

第二章「ラカンを超えて——ファロス・翻訳・固有名」:『思想』第一一〇三号(二〇一六年三月)、岩波書店。

●その他の章は、すべて書き下ろしである。

■岩波オンデマンドブックス■

ジャック・デリダと精神分析
——耳・秘密・灰　そして主権

2016年11月22日　第1刷発行
2025年3月7日　オンデマンド版発行

著　者　守中高明《もりなかたかあき》

発行者　坂本政謙

発行所　株式会社　岩波書店
〒101-8002　東京都千代田区一ツ橋2-5-5
電話案内　03-5210-4000
https://www.iwanami.co.jp/

印刷／製本・法令印刷

ISBN 978-4-00-731530-5　　Printed in Japan